优质干草产品
电子交易平台的设计与实现

刘鹰昊　尹强　武倩　金轲　林克剑　吴洪新　著

中国农业科学技术出版社

图书在版编目（CIP）数据

优质干草产品电子交易平台的设计与实现／刘鹰昊等著 .—北京：中国农业科学技术出版社，2020.8

ISBN 978-7-5116-4957-7

Ⅰ.①优… Ⅱ.①刘… Ⅲ.①干草-农产品-电子商务-研究 Ⅳ.①F724.72

中国版本图书馆 CIP 数据核字（2020）第 162972 号

责任编辑	李冠桥
责任校对	贾海霞

出 版 者	中国农业科学技术出版社
	北京市中关村南大街 12 号　邮编：100081
电　　话	（010）82109705（编辑室）　　（010）82109702（发行部）
	（010）82109709（读者服务部）
传　　真	（010）82106625
网　　址	http：//www.castp.cn
经 销 者	各地新华书店
印 刷 者	北京建宏印刷有限公司
开　　本	710mm×1 000mm　1/16
印　　张	5
字　　数	76 千字
版　　次	2020 年 8 月第 1 版　2020 年 8 月第 1 次印刷
定　　价	25.00 元

━━━◆ 版权所有・翻印必究 ◆━━━

《优质干草产品电子交易平台的设计与实现》
著者名单

主　　著：刘鹰昊　尹　强　武　倩　金　轲
　　　　　林克剑　吴洪新
参著人员：贾玉山　格根图　高凤芹　渠　晖
　　　　　王志军　常　春　孙　林　范文强
　　　　　降晓伟　刘坤宇

前　言

畜牧业产品经济在国民经济发展中占据着重要的地位。干草经济发展中的核心问题就是产品的流通。目前，我国干草产品流通的市场化水平相对较低，流通是干草产品交易基础，只有通过市场的流通，干草产品才能最终实现其自身的价值。目前我国的干草产品交易面临的主要问题有以下3点。

一是信息获取渠道有限。农牧民为了将干草产品顺利地销售出去，要在种什么之前就能了解消费者的偏好，因此，农牧民需要准确地掌握农产品交易市场的信息，然后对自己要生产的农产品品种和数量做出决策。目前的情况是，大部分农牧民是基于往年的信息来进行决策的，这种方式的不足是缺乏一定的预测能力，所以常常会出现这种状况，某一区域的农牧民集中生产了干草产品，当大丰收时就会面临因干草产品过多而导致产品价格低，从而影响收入。无法及时地获得准确的市场需求信息，导致增收相对困难。

二是个体农牧民承担风险较大。绝大多数农牧民都是以个体为单位进行生产与销售，缺乏有效的组织，导致个体农牧民很难与干草产品购买者建立稳定的买卖关系，往往缺乏对干草产品价格走势的准确判断，在进行干草产品交易时往往只能被动接受买家提出的价格，这使得干草产品流通中的风险大多数转嫁到个体农牧民身上。

三是交易渠道的现代化水平较低。信息技术的发展，带来了我国干草产品流通现代化水平提高的契机，通过信息技术来提高干草产品流通的效率，将互联技术与干草产品的流通、交易相结合是未来干草产品流通的一大趋势。但现实是，作为干草产品经济的核心，农牧民还未能充分从互联网的发展中受益，农牧民可以通过网络了解市场上对于某种干草产品的需求信息，了解某种产品的价格走势，同时利用网络向广大的消费者展示自己的产品，结合物流、第三方支付平台来在线销售自己的商品。

  基于以上所论述的问题，本专著介绍了如何利用互联网技术解决在我国干草产品流通与交易中存在的问题，设计和实现干草产品电子交易平台，将电子商务的商业模式与干草产品流通和交易相结合，提供一个农牧民能够获取市场需求信息、展示自己的产品、与买家建立直接的供销关系、网上销售的电子商务平台。

著 者

2020 年 6 月

目　　录

第一章　总论 ……………………………………………………………（1）
　　第一节　研究背景 ……………………………………………………（1）
　　　　一、平台名称 ……………………………………………………（1）
　　　　二、可行性研究的内容和范围 …………………………………（1）
　　　　三、平台建设内容 ………………………………………………（2）
　　　　四、平台发展战略 ………………………………………………（2）
　　　　五、预期发展目标 ………………………………………………（3）
　　第二节　平台概况 ……………………………………………………（3）
　　　　一、建设内容 ……………………………………………………（3）
　　　　二、投入总资金及效益情况 ……………………………………（4）
第二章　产品的市场分析 ………………………………………………（5）
　　第一节　电子交易市场分析与需求预测 …………………………（5）
　　第二节　我国草产品批发市场发展趋势 …………………………（5）
　　第三节　国内电子交易市场模式发展形势分析与预测 …………（6）
第三章　建设内容与发展目标 …………………………………………（9）
　　第一节　建设内容 ……………………………………………………（9）
　　第二节　发展目标 ……………………………………………………（10）
第四章　技术方案 ………………………………………………………（11）
　　第一节　平台总体建设方案 …………………………………………（11）

第二节　项目建设内容 ………………………………………… (12)
　　一、草产品综合信息服务平台建设 …………………………… (12)
　　二、大宗草产品网上现货交易和中远期电子商务交易系统平台
　　　　建设 …………………………………………………………… (17)
第三节　技术路线 ……………………………………………… (33)
　　一、平台技术支撑环境 ………………………………………… (33)
　　二、平台开发技术 ……………………………………………… (34)
　　三、平台开发逻辑分层 ………………………………………… (36)
第四节　数据中心建设 ………………………………………… (37)
　　一、公有云 ……………………………………………………… (37)
　　二、私有云 ……………………………………………………… (38)
　　三、混合云 ……………………………………………………… (38)
第五节　设备方案 ……………………………………………… (41)
　　一、数据中心基础设施 ………………………………………… (42)
　　二、网络互联设备与主机 ……………………………………… (42)
　　三、平台支撑软件 ……………………………………………… (43)
　　四、平台应用软件 ……………………………………………… (43)
　　五、容灾备份（租用电信运营商 IDC 设备，IDC 收费标准） … (44)
　　六、备注 ………………………………………………………… (44)

第五章　交易实施标准及规则 ………………………………… (45)
　第一节　交易标准设计原则 …………………………………… (45)
　　一、运行安全稳健 ……………………………………………… (45)
　　二、符合现货流通习惯 ………………………………………… (45)
　　三、同国际市场接轨 …………………………………………… (45)
　第二节　合约文本设计及说明 ………………………………… (46)
　第三节　交易规则及交易管理 ………………………………… (47)

一、交易及交易管理 …………………………………………（47）
　　二、交易商及交易商管理 ……………………………………（47）
　　三、合同及合同管理 …………………………………………（47）
　　四、结算及结算管理 …………………………………………（48）
　　五、交收及交收管理 …………………………………………（49）
　　六、风险控制及信息发布 ……………………………………（49）
　　七、违约行为及处理 …………………………………………（49）
　第四节　交收实施标准 …………………………………………（51）
　第五节　结算银行及结算细则 …………………………………（51）
　　一、结算业务现状 ……………………………………………（51）
　　二、结算银行 …………………………………………………（55）
　　三、结算规则 …………………………………………………（57）
　第六节　风险管理 ………………………………………………（57）
　　一、结算子系统 ………………………………………………（57）
　　二、交易管理子系统 …………………………………………（59）
　　三、交易监控子系统 …………………………………………（61）
　　四、财务管理子系统 …………………………………………（64）
主要参考文献 …………………………………………………（67）

第一章　总论

中国是一个农业大国，农业是国家的基础行业，而"三农"问题一直是党和政府非常重视并且着力解决的问题，"三农"问题的核心问题是还未建立现代化的干草产品的流通渠道，农牧民在干草产品流通过程中无法及时地获得市场的信息，从而影响其决策，导致农牧民无法充分掌握市场交易的规律。互联网在我国高速发展，改变着传统的经济模式，从各方面影响着我们的日常生活，如电子商务已经成为零售业的一个重要组成部分。通过探索将互联网技术和干草产品交易结合起来，借鉴电子商务的发展模式设计与实现干草产品交易平台，拓宽农牧民获取信息的渠道，帮助农牧民掌握市场规律，更加科学地决策，以促进农牧民增收。

第一节　研究背景

一、平台名称

优质干草产品电子交易平台。

二、可行性研究的内容和范围

"优质干草产品电子交易平台的设计与实现"可行性研究的内容和范围如下。研究建设必要性的分析与论证。

干草市场的前景分析与预测。

建设内容和建设规模确定。

主要技术方案和设备的选择。

项目建成后所需动力供应的研究。

公用设施、安全生产的研究。

项目的劳动组织与实施计划安排。

项目投资估算和资金筹措。

项目盈利能力和财务风险分析。

生态和社会效益的分析与评价。

三、平台建设内容

按照国家《第三方电子商务交易平台服务规范》与《中华人民共和国电子签名法》等法律法规的规定，制定优质干草产品电子交易平台的交易标准与规则体系。

运用先进的电子商务技术，开发建设标准化、规范化的大宗草产品网上即期交易和中远期交易系统平台。其中包括草产品即期交易全流程服务、草产品经营者（企业/经销商/专业合作社）的网络批发和网络分销、大宗草产品中远期合约交易、现货挂牌（协商）交易、竞买竞卖交易以及草产品动态商情系统。

以建立电子合约、电子支付、交易信用保障、电子货币和集中物流为核心，构建草产品交易全流程电子商务服务支撑系统。

四、平台发展战略

立足内蒙古，服务全国，以电子商务网络为平台，以完善健全的信用保障体系为核心，以逐步覆盖全国的仓储物流体系和交易商服务中心体系为支撑，着力拓展标准化、规范化的草产品网上交易市场，条件具备时推出中远期合约交易业务，追求规模与效益同步协调发展，实现草产品网上现货集中交易、中远期合约交易、多地交收、统一结算的经营模式，打造具有"实用、易用、便捷、安全、高效"为特征的草产品交易平台。

五、预期发展目标

一个平台：立足内蒙古，服务全国，连接海内外，创新草产品流通与交易模式，为国内外优质草产品搭建"高效、便捷、安全、低成本、低风险、高可控性"的交易服务平台。

两个目标：成为政府统筹规划草产品市场，引领草产品流通与交易模式发展方向的重要载体；实现草产品流通的集约化、电子化、全能化，实现交易技术、交易规模、市场份额、盈利水平和市场影响力在全国草产品流通业中位居前列，成为草产品线下交易和网上现货即期交易的先行者，成为草产品流通市场创新的引领者。

三个结合：实体市场与网上市场互为共举；内场与外场有机联动；公益服务与有偿服务相辅相成。

第二节 平台概况

选址：中国草产品交易中心项目拟在内蒙古呼和浩特市进行建设。

一、建设内容

项目建设内容分为以下两大部分：以草产品为主的综合信息服务平台；大宗草产品网上现货交易和中远期电子商务交易系统平台。

建设内容：草产品交易平台信息系统建设主要包括：电子交易系统、信息采集发布平台、信息基础平台。

电子交易系统：以会员为主体，进行网上电子订货、竞买、竞卖交易（竞价拍卖）与交易结算、交收管理等。

电子交易平台承载了草产品交易平台的所有交易业务，电子交易平台的先进性、稳定性、可靠性，直接影响着草产品交易平台的发展，所以说建立先进、稳定、可靠的电子交易平台至关重要。

在线支付系统、物流管理系统是电子交易系统的配套服务项目，他们与交易系统一起构成交易市场的核心服务系统。

信息采集发布平台：实现信息发布，对市场内外用户的网上信息发布系统，是市场交易业务发展的信息服务工具和市场发展的宣传工具。

信息基础平台：信息基础平台是实现整个信息系统的基础，主要由网络基础建设（综合布线系统）、硬件设备、网络管理及安全、系统运行平台等组成。

二、投入总资金及效益情况

项目总投资 541.76 万元，包括建设资金 522.92 万元，经营期流动资金 18.84 万元，项目所需资金全部自筹。

项目达产年销售收入 300 万元，营业税及附加 3.58 万元，年均增值税 44.73 万元，总成本费用 170.69 万元，税前利润 125.73 万元，上缴所得税 31.43 万元，净利润 94.3 万元；项目总投资收益率 23.21%，投资利税率 32.12%，盈亏平衡点 49.56%，资本金利润率 17.45%，投资回收期为 5 年。

第二章　产品的市场分析

第一节　电子交易市场分析与需求预测

草产品批发市场是为草产品集中批发交易提供场所的有形市场。草产品批发市场的出现是我国流通体制改革的重大成果，它的兴起与发展，不仅加快了我国农业市场化进程，对整个经济体制改革也起了重要推动作用。

第二节　我国草产品批发市场发展趋势

面对中国农业产销区域专业化、商品化、国际化不断发展及相对过剩格局渐趋固化的未来，在今后20年里，草产品批发市场发展趋势将集中体现在以下几个方面。

一是东强西弱格局将得到一定程度改善。随着我国产业结构演变及西部开发战略的持续实施，草产品批发市场东强西弱格局将得到一定程度改善。

二是批发市场将逐步向城市特别是区域中心城市转移。

目前，许多草产品产地批发市场建在县城及乡、镇，由农村集贸市场发展而来，产品外销数量并不大，主要是就地通过集市销售。随着区域专业生产规模扩张，产品集散日益具有区际流通的意义，传统集市也发展为专业性批发市场。发达国家经验表明，随着国家农业区域专业化生产格局的形成与发展，大宗草产品交易市场有向区域中心城市转移的客观必然性。

三是远期交易和远程交易将逐渐成为交易的主体内容。

目前，我国草产品批发市场以即期现货交易为主，辅之部分信用交易。信用交易是低层次的，主要是老客户间相互的赊购赊销。在未来时间里，在市场农业不断发展的培育和催化下，随入市者交易规模扩大、信誉程度提高、商品流通距离延长、交易制度完善等因素发展，草产品批发市场也将由即期交易为主转为远期交易和远程交易为主，信用交易、委托交易、电话交易、网上交易等将逐渐成为一些市场的主体业务。

四是市场经营企业化并形成一些专业性市场经营公司。

五是将产生一定数量的拍卖市场。

六是将发展一批专为进出口服务的外向型市场。

第三节　国内电子交易市场模式发展形势分析与预测

我国农业正处于传统农业向现代农业、从计划经济向市场经济的转变之中，农业发展的突出问题是农户小生产和市场大流通之间的矛盾。网上交易可以很好地解决我国农业"小农户与大市场"的矛盾，实现农业生产与市场需求的对接。开展草产品网上交易，能够改善草产品流通状况，促进草产品贸易，增加农民收入，加快农业和农村经济结构战略性调整，提高我国农业国际竞争力。

近年来，我国政府非常重视电子商务的发展，在《国家中长期科学与技术发展规划纲要》中，把"电子商务应用平台技术""农业信息化技术"列为发展重点。各省市也普遍建立农业信息网，涌现了"中华十亿农副产品网""福州亚峰""南京白云亭"等网上交易市场。并且除经营粮食、化肥外，还经营副食、家禽、农药、土特产、花卉、园林、水产品、茶叶、鲜果等，为农村经济信息进村入户搭建了平台。

目前，全国农村电子商务网站已超过 2 000 个，涉农网站超过 10 000 个，发布了大量的蔬菜、瓜果、树苗、畜禽、养殖等农业供求信息和相关的经济、招商引资信息，为搞活草产品流通、实现农业增效和农民增收发挥了重要作用。其中影响较大的有中国农业科技信息网、中国农业信息网、中国种子集团公司、北方种业信息中心、金龙网等。这表明我国的农业电子商务正在进入快速发展时期。

不同的草产品电子商务模式，解决或缓解了目前草产品贸易中存在的不同的问题，因此有不同的网络适应性：价值链整合和第三方交易市场能有效地解决草产品交易环节过多的问题；信息的畅通、透明能够规范交易各方的行为，网上商店、电子采购、价值链整合、第三方交易市场四种模式中规范的交易流程、科学的交易方式能够减少传统交易中存在的交易不规范的顽疾；草产品电子商务的七种主要模式都具备信息的收集、发布功能，并且采用这些模式的企业为了聚集人气和提供完善的服务，都加强了信息的服务能力，使参与者能得到比较全面的相关交易信息，在一定程度上消除信息不对称性；信息中介模式能有效降低草产品交易中收集信息的成本；电子商店、电子采购、价值链整合、第三方交易市场能分别不同程度减低交易成本；第三方交易市场模式，通过有效的网上交易手段及和约交易，能够减少交易的波动幅度；同时，针对草产品交易量大、生产的季节性和区域性特点，草产品电子商务也有不同的模式适应性。

表 2-1 草产品及其贸易特点和电子商务模式的适应、匹配分析

	目录模式	信息中介	虚拟社区	电子商店	电子采购	价值链整合	第三方交易市场
价值链环节多						V	V
交易不规范		V		V	V	V	V
信息不对称性	V	V	V	V	V	V	V
交易成本大		V		V	V	V	V
交易量大					V		V
价格波动大		V					V
生产的季节性	V	V	V	V	V	V	V
生产的区域性	V	V	V	V	V	V	V

从表 2-1 中可以看出：

（1）根据目前中国草产品及其贸易的特点，草产品电子商务模式中的目录、信息中介、虚拟社区等以信息服务为主的模式具有普遍实用性，目前这些模式已得到业内广泛认可和普遍应用。

（2）草产品企业开展网上销售，首先需要在网上展列所经营的产品，必然应用网上商店模式。一般来讲，草产品企业开展网上采购之前，都会建立自己的网上采购系统，在网上向自身的供应商进行采购，因此往往草产品企业也采用电子采购业务模式。

（3）部分大型草产品企业对上下游供应商和经销商等中小型企业有较大的吸引力，彼此构成了庞大的供应链和价值链体系。这些大型草产品企业已经开始用网络整合价值链，以提高自身的竞争能力。

（4）具体到大宗草产品电子交易中，第三方交易市场模式比较符合草产品及其贸易的特点，是草产品流通领域主要采用的业务模式。第三方交易市场面向企业和用户形成了综合性的公共平台，其特点是包含了其他模式所不具有的一些功能，比较符合中国草产品及其贸易的特点，是目前大宗草产品交易中主要采用的模式。

第三章 建设内容与发展目标

第一节 建设内容

草产品交易中心信息系统建设主要包括：电子交易系统、信息采集发布平台、信息基础平台。

电子交易系统：以会员为主体，进行网上电子订货、竞买、竞卖交易（竞价拍卖）与交易结算、交收管理等。

电子交易平台承载了草产品交易平台的所有交易业务，交易平台的先进性、稳定性、可靠性，直接影响着草产品交易平台的发展，所以说建立先进、稳定、可靠的交易平台至关重要。

在线支付系统、物流管理系统是电子交易系统的配套服务项目，他们与交易系统一起构成交易市场的核心服务系统。

信息采集发布平台：实现信息发布，面向市场内外用户的网上信息发布系统，是市场交易业务发展的信息服务工具和市场发展的宣传工具。

信息基础平台：信息基础平台是实现整个信息系统的基础，主要由网络基础建设（综合布线系统）、硬件设备、网络管理及安全、系统运行平台等组成。

详见图3-1。

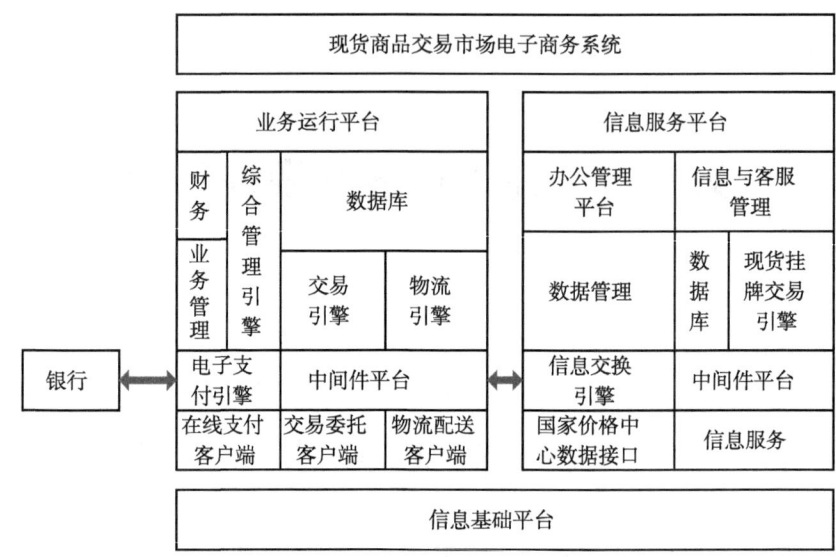

图 3-1　现货商品交易市场电子商务系统

第二节　发展目标

应用先进的管理和信息技术，创新草产品等农畜产品流通与交易模式，为优质安全草产品等农畜产品产业搭建"高效、便捷、安全、低成本、低风险、高可控性"的电子交易全流程服务平台，引领草产品等农畜产品产业发展方向的重要载体；实现草产品等农畜产品流通的集约化、电子化、全能化、交易技术、交易规模、市场份额、盈利水平和市场影响力在全国草产品等农畜产品流通业中位居前列，成为草产品等农畜产品网上现货即期交易和中远期交易的先行者，成为中国草产品等农畜产品流通市场创新的引领者。

第四章 技术方案

第一节 平台总体建设方案

结合内蒙古自治区草种植和生产加工基地的战略部署,建设以涵盖草种子、种植、生产、贮藏、加工、市场、流通和销售等环节的基于B2B2C模式的综合性草产品电子商务交易平台,推动草产品产业链全流程信息化水平;建设以草产品为主的综合电子商务交易平台,实现行业标准化、规范化的大宗草产品网上交易。

B2B2C把"供应商→生产商→经销商→消费者"各个产业链紧密连接在一起。整个供应链是一个从创造增值到价值变现的过程,把从生产、零售、流通的资源进行全面整合,不仅大大增强了网商的服务能力,更有利于客户获得增加价值的机会。B2B2C模式没有库存,充分为客户节约了成本(时间、资金、风险等),整合并建立完善的物流体系,根据客户需求选择合适的物流公司,加强与物流企业的合作,形成整套的物流体系。

按照平台功能设计思路,系统的功能总体结构如图4-1所示。

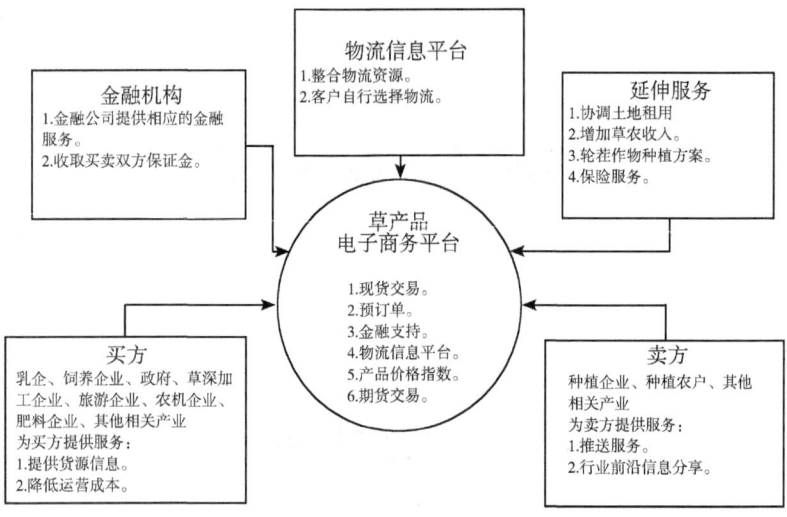

图 4-1 系统的功能总体结构

第二节 项目建设内容

项目建设内容分为以下两大部分：

一是以草产品为主的综合信息服务平台。

二是大宗草产品网上现货交易和中远期电子商务交易系统平台。

一、草产品综合信息服务平台建设

根据项目建设目标，按照草产品生产、加工市场和销售产业链信息化需求，建设以草产品为主的综合信息服务平台，平台包括供应信息服务、求购信息服务、公司信息服务、行情信息发布、政策与资讯信息服务、品牌推荐服务、视频信息服务等。

(一) 供应信息服务建设

1. 建设目的

针对草产品的种植、生产、加工等特点，提供种子、饲料、农业机械、防火产品、兽药产品等信息服务，指导草产品的种植生产过程；实时发布各类产品信息；通过提供丰富的产品信息，实现为种植、生产和销售草相关产品的增产增收提供基础信息服务。

2. 系统建设内容

根据以上建设目的，系统各信息服务模块功能如下（图4-2）。

当前位置：首页>>供应				
▶ 行业 饲草产品	饲料产品	兽药产品	种子产品	农业机构
防火产品	鉴定服务	保险服务	金融服务	产品包装

图 4-2　各信息服务模块功能

饲草产品信息发布：提供有机牧草、天然牧草、人工牧草和进口牧草等饲草产品品牌、供货数量、产品所在地、产品详细说明等信息。

饲料产品信息发布：提供牛、羊、马等饲料产品品牌、供货数量、单价、产品所在地、产品详细说明等信息。

种子产品信息发布：提供国内、国际优质种子品牌、供货数量、单价、产品所在地、产品详细说明等信息。

农业机械产品信息发布：提供牧草收割、牧草打孔、牧草包装、搂草机、柴油机等草产品种植、生产、加工等环节的农业机械产品的品牌、供货数量、单价、产品所在地、产品详细说明等信息。

保险信息发布：提供饲草保险、财产保险等信息发布，为客户提供保险信息服务，降低草产品种植风险。

金融信息发布：提供资产评估、抵押贷款、融资等金融服务信息发布。

图4-3是注册用户实现产品供应信息的发布功能：卖方发布产品详细的供应

信息，买方可通过发送询价信息和给买卖方留言，完成交易前期的信息交互。

图 4-3 供应信息发布

（二）求购信息服务建设

1. 建设目的

提供为企业和客户发布关于草产品在种植、生产、加工等环节，涉及种子、饲料、农业机械、防火产品、兽药产品等求购信息发布服务，为企业和客户实时了解相关产品需求提供保障。

2. 建设内容

根据以上建设目的，各信息服务功能模块如图4-4。

当前位置：首页>>求购				
▶ 行业 饲草产品	饲料产品	兽药产品	种子产品	农业机构
防火产品	鉴定服务	保险服务	金融服务	产品包装

图 4-4 各信息服务功能模块

部分信息功能说明如下。

饲草产品求购信息发布：发布有机牧草、天然牧草、人工牧草和进口牧草等饲草产品品牌、需求数量、价格要求、包装要求等信息。

饲料产品求购信息发布：发布牛、羊、马等饲料产品品牌、需求数量、单价、产品所在地等信息。

种子产品求购信息发布：发布国内、国际优质种子品牌、需求数量、单价、产品所在地等信息。

农业机械产品求购信息发布：提供牧草收割、牧草打孔、牧草包装、搂草机、柴油机等草产品种植、生产、加工等环节的农业机械产品的品牌、需求数量、单价、产品所在地等信息。

保险服务求购信息发布：发布饲草保险、财产保险等信息，为保险公司提供保险需求信息服务。

金融求购信息发布：企业发布资产评估、抵押贷款、融资等金融服务需求信息。

图 4-5 是注册用户实现产品求购信息的发布功能。

图 4-5　产品求购信息发布

买方发布产品详细的产品需求信息，卖方可通过发送报价信息和给买卖方留言，完成交易前期的信息交互。

（三）行情信息发布

1. 建设目的

通过行情信息发布功能的建设，为草产品行业提供实时的产品价格行情，为买卖双方提供合理的价格参考依据，防止出现在交易过程中的价格欺诈行为。

2. 建设内容

行情信息发布功能如图 4-6 所示。

品名	价格	单位	报价数
进口黑麦草	¥0.00	吨	0
进口苜蓿	¥0.00	吨	0
有机燕麦草	¥1850.00	吨	7
有机青干草	¥900.00	吨	7
进口燕麦草	¥2650.00	吨	8
低密度草捆	¥550.00	吨	7
高密度草捆	¥850.00	吨	6

查看所有产品报价»

图 4-6　行情信息发布功能

通过客户浏览和点击率的统计（图 4-7），还可以帮助卖方掌握草产品种类和数量的需求情况，帮助企业做出更加精准的种植和营销决策。

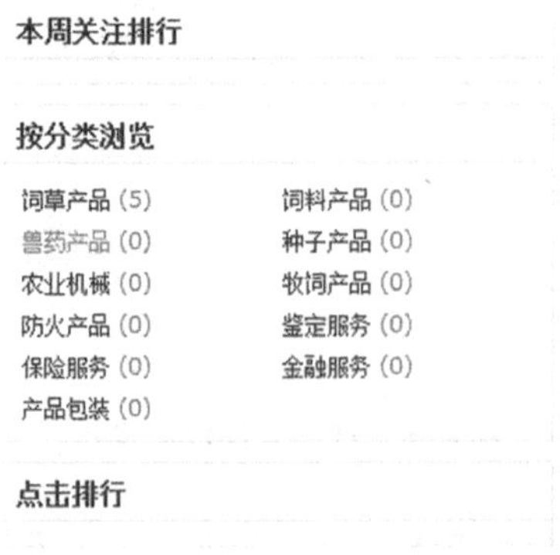

本周关注排行

按分类浏览

饲草产品 (5)	饲料产品 (0)
兽药产品 (0)	种子产品 (0)
农业机械 (0)	牧饲产品 (0)
防火产品 (0)	鉴定服务 (0)
保险服务 (0)	金融服务 (0)
产品包装 (0)	

点击排行

图 4-7　客户浏览和点击率的统计

(四) 政策与资讯信息服务

1. 建设目的

通过提供政策与资讯信息服务，可以帮助企业随时了解政府在草产品行业的政策法规和方针；通过草业科技和技术知识的发布，帮助草产品种植企业或种植大户进行科学种植，提高产量，增加效益；通过新闻资讯帮助企业了解国内、国际草业动态，企业可以从中分析市场和相关行业，挖掘有价值的信息。

2. 建设内容

资讯信息服务主要建设如下内容：

政策法规　草业新闻

草业科技　技术知识

市场资讯　草业服务

企业新闻　国际草业

通过客户浏览和点击率的统计，还可以帮助平台运维人员掌握用户对各种信息的需求情况，帮助企业做出更加精准的信息更新服务（图4-8）。

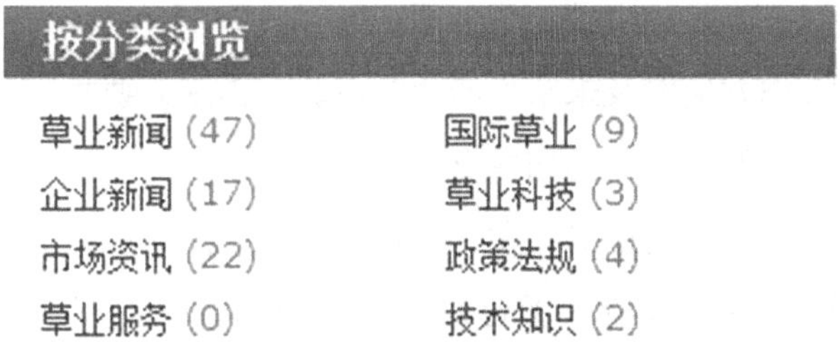

按分类浏览

草业新闻 (47)　　国际草业 (9)
企业新闻 (17)　　草业科技 (3)
市场资讯 (22)　　政策法规 (4)
草业服务 (0)　　 技术知识 (2)

图 4-8　客户浏览和点击率的统计

二、大宗草产品网上现货交易和中远期电子商务交易系统平台建设

运用电子商务技术，开发建设标准化、规范化的以草产品主的大宗农产品网上交易服务平台。其中包括草产品现货交易、中远期交易、农产品经营者（企业/经销商/专业合作社）的网络批发和网络分销、现货挂牌（协商）交易、竞

买竞卖交易以及农产品动态商情系统。

（一）现货交易

现货交易是类似现实生活中的商品买卖行为，只不过这里的买卖行为已经电子化。

保证金：为保证交易双方不产生随意毁约的情况，平台针对标的物总金额冻结一定比率的金额以保证双方顺利履约，比如20%，保证金余额不足将不允许进行新的挂单，也不允许与查询到的对手方进行撮合成交。

成交：买卖双方的条件完全吻合后，平台执行撮合，为双方生成电子成交单。

挂单：当客户进行买卖操作，确定提交后，如果没有符合条件的对手方存在，那么该客户的买卖数据将以未成交的形式展示出来，沿用传统交易系统的说法，挂单的生命周期到挂单有效期止或者状态到了被主动终止，如成交，或者被撤销。

电子合同：这里指在现货撮合成交后生成的平台规范格式的合同电子样本，该合同与交易数据一起是成交的物理依据。

考虑到客户操作方便以及未来可能的跨市套利需求，要求现货系统能够和中远期系统有接口，能够共享中远期的资金。

为避免毁约纠纷，拟使用CA数字证书进行有效性保证，交易双方的数据都将使用CA证书进行签名加密，平台保留交易数据，以备万一发生纠纷时提供证据。

1. 建设目的

通过建设基于B2B2C的电子商务交易平台，为企业、农业合作社、草产品种植户提供互联网虚拟店铺，完成各类草产品的在线交易。

2. 建设内容

草产品电子商务交易平台建设主要包括：电子交易系统、信息采集发布平台、信息基础平台。

电子交易系统：以会员为主体，进行网上电子订货、竞买、竞卖交易（竞价拍卖）与交易结算、交收管理等。

电子交易平台承载了草产品电子交易的所有交易业务，电子商务交易平台的先进性、稳定性、可靠性，直接影响着草产品电子交易中心的发展，所以说建立先进、稳定、可靠的电子交易平台至关重要。

在线支付系统、物流管理系统是电子交易系统的配套服务项目，他们与交易系统一起构成交易市场的核心服务系统。

信息采集发布平台：实现信息发布，对市场内外用户的网上信息发布系统，是市场交易业务发展的信息服务工具和市场发展的宣传工具。

信息基础平台：信息基础平台是实现整个信息系统的基础，主要由网络基础建设（综合布线系统）、硬件设备、网络管理及安全、系统运行平台等组成。

虚拟店铺：为企业和用户免费提供虚拟店铺，用于草产品的在线销售。

物流管理：整合和管理物流信息，买卖双方协商选择物流配送（图4-9）。

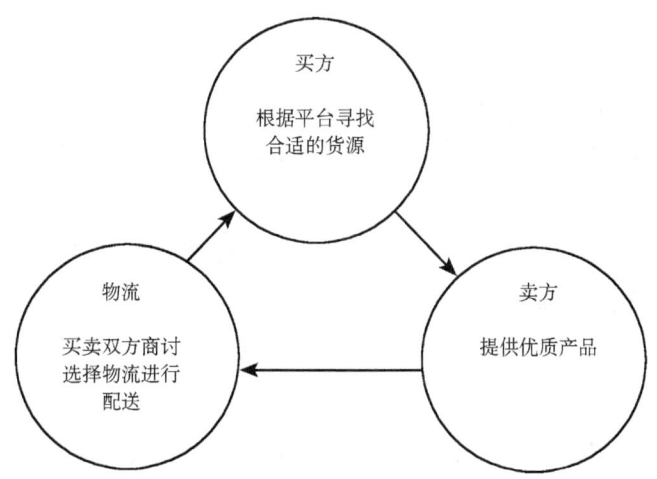

图 4-9 买卖双方协商选择物流配送

图 4-10 为现货草产品交易市场电子商务系统架构图。

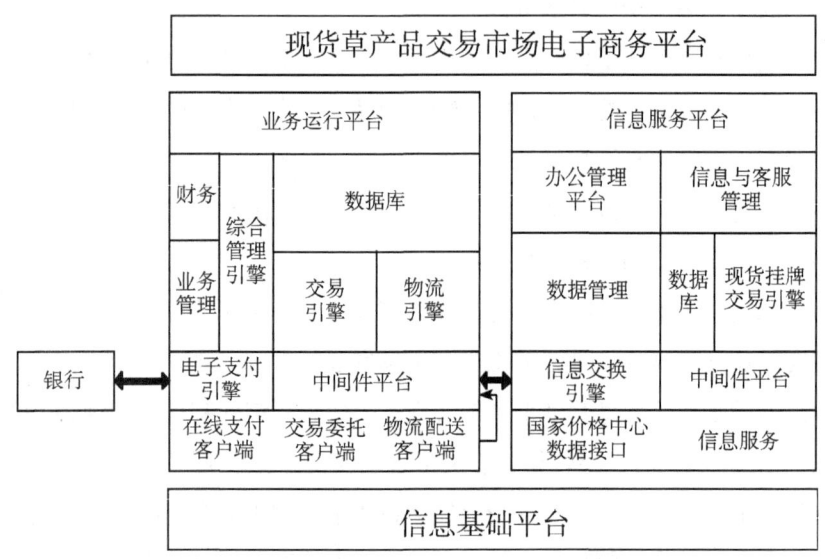

图 4-10 现货草产品交易市场电子商务系统架构

3. 电商平台组件功能

（1）不良信息过滤功能。

平台将删除包含不良关键词的信息，确保网站安全，净化平台环境。

（2）企业名录功能。

设置商贸会员 VIP 指数、年限、认证时间、企业商铺、企业名片。

（3）企业商铺功能。

多模块选择，商铺设计完美，产品个性化分类。

（4）聊天工具功能。

集成国内应用最广泛的 QQ、国际应用最广泛的 Skype，多互动多流量。

（5）行业分类功能。

高级的行业属性设置、精确的前台和后台权限设计，使您的网站更专业。

（6）信息类别功能。

无限制增加信息类别，例如：供应信息、求购信息、加工信息、代理信息等。

（7）信息管理功能。

完善的信息审批制度、根据行业类别设置信息的排名，而且排名无数量限制。

（8）产品管理功能。

与信息管理拥有同样的强大功能，商贸会员可对发布的产品进行分类，使商铺更加易于浏览。

（9）证书管理功能。

会员可以上传企业的资质证书至商铺中。

（10）友情链接功能。

会员的商铺可以与其他网站进行友情链接。

（11）招聘信息功能。

企业会员可以发布招聘人才信息。

（12）商品询价功能。

商贸会员可以对感兴趣的商品或商铺提前留言询价。

（13）图片水印功能。

可对文章、信息、产品、公司形象等图片加盖水印，使商贸网站品牌化。

（14）文字水印功能。

这是用于文章内部的保护方式，每篇文章段落中都会内置文本水印，在无形中保护知识产权。

（15）会员限制功能。

免费会员和 VIP 会员的权限、审核机制、上传图片大小等设置。

（16）商品对比功能。

可以在商品列表中选择，进行产品规格性能对比。

（17）信息排名功能。

根据信息类型和行业类别来设置某些信息或企业排名靠前，而且排名无数量限制。

（18）论坛博客功能。

集成 Discuz、PHPWind，Xspace、PWBlog、DVbbs 接口，会员完美整合，论坛内容随意调用到网站上。

（19）栏目频道功能。

可以根据各种行业的特色设计不同样式的行业频道、动态调用信息、产品、企业等网站资源。

（20）管理权限功能。

自由添加管理员组和管理员，不同的栏目、不同的类别都可以细分管理。

（21）操作日志功能。

记录网站管理员后台操作的日志，分析和监控管理员在后台的动作。

（22）搜索功能。

强大的搜索体系，全球唯一支持各国语言分词全文检索的系统，准确快速地找到检索内容。

（23）RSS 功能。

文章信息生成 RSS 列表，浏览者可以进行订阅该站点文章信息。

（24）静态页面功能。

全站生成静态页面，分多级目录存储，最大程度提升网站访问速度。

（25）网页管理功能。

对网站的前台页面在线进行管理修改，包括网站中的所有页面和会员后台页面。

（26）菜单管理功能。

任意添加网站菜单，自连接网页，可对同一菜单选择不同的显示模板。

（27）自动发送邮件功能。

可设置自动发送会员注册的邮件、找回密码邮件、激活邮件等。

（28）投票功能。

自定义投票选择项目，自由设计和添加投票模板。

（29）计划任务功能。

自动执行数据库维护、数据清理、数据更新等功能，也可自行添加计划任务。

（30）文章加亮功能。

对特别的文章可以进行加亮设置，在前台引人注目。

（31）管理文章功能。

发布的每篇文章，都会记录发布时间、创造者、创建时间、最后修改时间和最后修改者。

（32）审批机制功能。

网站可以根据类别进行多管理员管理，不但可以设置后台权限。还可以进行前台权限设置。

（33）文章排名管理。

对突出显示的文章可以进行固定排名。

（34）操作日志功能。

记录网站管理员后台操作的日志，分析和监控管理员在后台的动作。

（35）文章内容功能。

文章内容支持分页多篇功能、相关文章、不同行业可以有不同的文章显示页面。

（36）栏目频道功能。

可以根据各种类别的特色设计不同样式的文章频道、动态调用全部文章资源（包括论坛、博客）。

（37）管理权限功能。

创建者可以添加管理员组和管理员，不同的栏目不同的类别都可以细分管理。

（38）搜索功能。

强大的搜索体系,全球唯一支持各国语言分词全文检索的系统,搜索完整的文章内容,而不仅仅是标题。

(39)文章专题功能。

设计专题页面,可以汇集各类别中相关的文章进行虚链接操作。

(40)文章评论功能。

文章浏览者可以对文章进行评论、打分和发布表情。

(41)表情功能。

可添加管理表情,设置表情属性,在文章评论等功能中体现出来。

(42)地区管理功能。

可以添加无限级地区分类。

(二)中远期电子商务交易

1. 建设目的

采用此系统可实现同一平台下按照交收时间设置,满足即期和中远期按价格优先、时间优先顺序交易,避免了现货交易的烦琐不便,提高了效率,提高交易透明度,易于形成行业权威价格,指导现货行情,实现规则与动作的公正性。

2. 中远期需求

(1)系统设置。

系统设置模块由系统管理员使用,实现公司内部操作员管理、交易品种设置、交易时间设置和数据字典设置。

①操作员管理。

操作员开户:内部操作员基本信息登记,必须给每个操作员分配唯一的操作员号。

状态修改:冻结/解冻操作员(内置超级用户不能冻结)。

密码管理:修改非当前操作员密码(内置超级用户密码不能在此修改)。

菜单权限设置:设置操作员菜单权限。

客户类别权限设置:设置允许操作员查看和操作的客户类别。

②品种/合约管理。

品种（合约模版）设置：在品种库中增加或删除合约品种，对各合约模板的各种特性（报价方式、最小交易规模、价格波动单位）进行维护。

合约设置：在合约代码库中增加或删除合约代码，对各合约的各种特性进行维护。

合约行情设置：在合约首次上市和其他必要情况下手工输入、编辑合约行情。

③交易时间设置。

交易时间设置：设置每日中远期交易时间段。目前每天最多允许有四个交易时间段。若客户在设定的时间段以外时间下单时，会提示"非交易时间"。

比如：9:30—11:30、13:30—3:30。

④数据字典设置。

数据字典设置：数据字典可设置各类别的数字代码成相应的中文解释。数据字典分为两类。

a. 分类编码小于1 000 的为系统数据字典，用户不能进行操作。

b. 分类编码大于1 000 的为用户定义字典，用户可以增加数据条目或编辑已有条目的中文描述，不能删除已经存在的数据字典条目。比如品种设置就要在这里设置。

（2）客户管理。

本模块由客户管理人员使用，客户资料管理、资金出入和各项费率设置。

①客户管理。

客户开户：客户基本信息登记，必须给每个客户员分配唯一的客户号（资金账号）；填写必要的信息、客户号、密码、开户行等等。

状态修改：冻结/解冻客户资金账号；如果客户状态为冻结的话，该客户号就不能使用，直到被解冻为止。

基本信息修改：修改登记的客户基本信息，仅允许修改当前状态正常（未销户、未冻结）的客户。

密码修改：修改客户下单或资金转账密码。

销户：资金余额为 0 且当天没有交易记录才允许销户，销户后原客户号无法回收使用。

②客户资金管理。

资金出入：操作员手工出入金操作登记；操作员可以通过此处给客户增加资金或者取出资金。

资金出入审核：对资金出入处录入的数据进行审核。出金操作在资金出入时已扣减客户可用资金，入金操作在复核后才增加客户可用资金。

资金管理允许按现金、支票汇票进行分类操作和额度控制。

③费率设置。

费率允许按量和按比例收取。

按量收取：每手收取的金额，比如每手收取 10 元，那么成交一手就收取 10 元。

按比例收取：比如收取 10% 的保证金，就按照成交金额的 10% 收取。

保证金设置：允许按品种和合约设置，可以设置一般标准的保证金，也可以按客户类别或针对单个客户的特殊设置，对买仓和卖仓可以设置不同标准。

费率设置：允许按品种和合约设置，可以设置一般标准的费用，也可以按客户类别或针对单个客户的特殊设置，对买仓和卖仓可以设置不同标准。

④限仓设置。

客户限仓：设置单个客户允许的持仓上限。允许按合约、品种、所有品种进行设置；允许针对买卖持仓分别设置。

市场限仓：设置整个市场某个合约或品种允许的最大持仓量。

（3）交易撮合。

本模块为服务模块，根据客户委托单按公司撮合规则生成成交信息并产生行情。

①撮合。

成交撮合：对客户委托单进行匹配并产生成交和行情信息。允许集合竞价和连续竞价两种工作模式，集合竞价仅允许在开盘时进行，每个交易日最多集合竞价一次。

撮合原则：价格优先、时间优先（强平优先）。

收盘处理：收盘后生成当日结算价及结算用成交记录。

②撮合设置。

合约设置：撮合合约及涨跌限幅设置，新增新合约时，需要设置当日指导价；

撮合时间设置：撮合时间段设置，设置时间段起止时间和每个时间段的工作模式。

（4）柜员交易。

本模块由公司内部柜员使用，用于处理客户委托，控制单个客户资金风险。

①柜员委托。

柜员委托：柜员根据客户指令，代替自己权限内的客户下单交易。

强平：客户风险超标时，根据风控规则，对客户持仓进行强平，相同条件下，强平单在撮合时优先。

②柜员查询。

根据柜员设定条件查询自己权限内客户当前资金、持仓和委托、成交信息，该模块查询为手工操作，数据不会自动刷新。

（5）清算管理。

本模块由清算财务人员使用，包括结算、结算后处理和报表。

①结算。

根据当日交易情况和结算价，生成当日结算流水、持仓和资金状况。

结算操作步骤：导入当日成交；检查当日结算价；数据结算。

②结算报表。

根据结算结果，生成公司内部管理报表和客户结算单。比如说：

a. 客户资金存取表：打印满足条件的所有客户一定期限内的资金存取表。

b. 客户成交明细表：打印满足条件的所有客户一定期限内的成交明细表。

其他报表不在此处说明，可以根据不同客户制定不同的报表。

③备份与恢复。

a. 将系统恢复到结算前的工作现场。

b. 将系统恢复到结算后的工作现场。

c. 将系统恢复到临时备份前的工作现场。

d. 将系统恢复到历史备份前的工作现场。

e. 将系统恢复到初始化前的工作现场。

f. 临时备份运行库数据，根据需要可随时进行备份。

g. 备份历史库数据，以防意外丢失历史数据。

（6）实时监控。

本模块由公司风险控制人员使用，用于监控整个市场运作和风险状况，该模块数据会根据设定的查询条件定时自动刷新。

①委托监控。

委托监控：监控当前市场所有有效委托状况，查询结果按委托号排序。

②成交监控。

成交监控：监控当日所有已成交委托的汇总信息，查询结果按成交号排序。

③资金监控。

资金监控：监控客户资金风险，确保资金满足客户风险控制要求。本模块可设定风险条件，符合风险条件的客户被认为有风险并特别显示。当设置多个风险条件时，只要满足其中一条，即被认为有风险。

④其他监控。

其他可能出现的风险监控。

（7）客户网上交易。

本模块由交易客户使用，包括客户委托，回报显示，资金、成交和账单查询功能。

①客户委托。

客户委托分为下单指令和撤单指令。

下单：下单指令当天有效。在全部成交或撤单成功前，可以针对当日下单指令进行撤单操作。

撤单：客户可对当天未全部成交且未撤单成功的进行撤单。

②回报显示。

指令回报：显示服务端对客户指令的反馈，包括委托回报和撤单回报。若服务端接受客户指令则返回成功回报及相应序号，若拒绝客户指令则返回相应错误描述。

成交回报：显示收到的客户实时成交信息。

③客户查询。

委托查询：查询当日客户下单指令状况。

资金查询：查询当前客户资金情况。

持仓查询：查询当前客户持仓状况，可进行明细和汇总查询。

当日成交查询：可查询客户当日成交状况，可进行明细和汇总查询。

历史成交查询：可查询客户历史成交明细，可按交易日、合约代码查询并限定结果条数。

账单查询：可查询结算对账单，可自己选择查询的初末交易日。

（8）中间通信。

本模块自动运行的服务模块，主要功能是处理客户网上交易模块指令，并将有关反馈信息发送给相应的客户。系统允许同时运行多个中间通信模块以提高响应时间，减少单台服务器负载并互相备份。

（9）备份管理模块。

本模块由系统管理员使用，包括备份文件设置、系统数据库备份和数据库恢复。备份文件保存在数据库服务器上指定的文件夹内。

（10）交收管理。

本模块由交收部门使用，包括交收平仓、提货确认、验货确认功能。

①交收平仓。

合约最后交易日结算后使用本功能，需输入交收合约和交收价。系统生成该合约最终持仓表并按交收价对该合约持仓进行清算，同时冻结买方货款和卖方质保金。

②提货确认。

买方确认提货或超过最后提货日，将货款部分划转给相应卖方。

③验货确认。

买方验货无误或最后验货日，将剩余货款划转给相应卖方，需输入买卖双方资金账户、合约、数量及升贴水和溢短金额，完成最后资金划转。

（11）其他。

本研究中模块及有关人员设定仅表示功能性区分，实际使用时可由系统管理员赋予操作员多模块权限或某模块中部分功能权限。

3. 性能要求

（1）精度。

依据具体业务规定。

（2）时间特性要求。

在网络畅通的情况下，客户单条数据下单时间应该在 1 秒内完成。

（3）灵活性。

①交易品种修改。

平台交易的品种应该可以方便修改，不需要修改系统。

②软件平台支持。

客户端平台首选 PC，同样也可以使用 JAVA 手机程序进行操作，登录的是同一后台。

③外部接口固定。

资金相关接口(与中远期和银行)、仓储接口(与仓储物流)在确定后不发生变更,新增业务不影响原有接口运行。

(4)输入输出要求。

电子成交合同需要加盖公章,其他相关图片需要加平台水印。

(5)数据管理能力要求。

平台按照国家法规保存历史交易数据,提供历史数据导出接口以便使用其他的媒体(如光盘、磁带等)保存历史数据。

4. 运行环境要求。

(1)设备。

本平台需要用到多台通用主流服务器,分别用于运行中远期数据库、撮合后台、交易中间件、报盘系统、现货后台和资讯后台、行情后台、认证后台等,考虑到这些后台都是依托于网络,并且要求提供不间断服务,因此,机房必须提供可靠的能源保障和充裕的网络带宽。

客户端方面:主流兼容 PC 机和支持 Java 的较新款手机(手机要求开通流量套餐)。

(2)支持软件。

服务端拟使用 Windows 2003 SP2 企业版,后台数据库使用 MS SQL Server 2005—2008 企业版。

PC 客户端为 Windows XP 或更新的其他微软操作系统。

手机操作系统不限,但要求支持 J2ME。

(3)接口。

①与中远期交易的接口。

按照分步实施的原则,试营运阶段,项目公司的交易中远期交易系统并没有与现货平台的接口,按照审美的要求,正式营运后,现货平台的使用者使用与中远期一致的操作用户和资金账号,避免再在现货平台开户和进行重复的资金操作。

现货平台需要从中远期平台进行用户认证,也就要求对农通中远期平台开放用户验证接口。

客户要在现货平台进行交易,就需要冻结保证金,由于平台没有独立的资金账号,因此需要对中远期平台开放现货保证金冻结、解冻和查询可用资金等相关操作。

②与仓储物流的接口。

本平台不提供仓储部分,但会基于主流仓储系统定义通用标准接口,以解决与仓储系统的数据交换。

③与银行的接口。

除正常的三方资金需求外,考虑到授信和融资等需要,系统需要定义接口以便银行和系统互动。

系统上线前完成与工商银行 B2B 监管系统的设计与对接。

④网络协议。

为保证安全可靠,各客户端使用 TCP 协议与平台服务端交互,使用加密过的自定义协议数据,如果使用上海 CA 中心的认证,那么这里的数据就是经过 CA 加密和签名的具备法律效力的电子数据。

5. 建设内容

图 4-11 为草产品中远期电子商务交易平台结构。

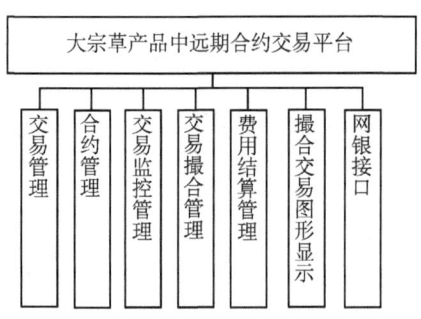

图 4-11 草产品中远期电子商务交易平台结构

系统功能与结构说明如下。

交易管理：交易管理能够对交易中心、交易主体、交易标的、交易权限、特殊待遇等进行管理；按照即期和中长期时限要求设置交易类型；生成交易合同；确认交收；本模块采用工作流完成交易整体过程。

交易监控管理：交易监控可以全面监督系统的当前状态，进行监控查询、强制操作和预警。

合约管理：在合约代码库中增加或删除合约代码，对各合约的各种特性进行维护；在合约首次上市和其他必要情况下手工输入、编辑合约行情。

交易撮合管理：对客户委托单进行匹配并产生成交和行情信息。允许集合竞价和连续竞价两种工作模式，集合竞价仅允许在开盘时进行，根据客户委托单按公司撮合规则生成成交信息并产生行情。

费用结算管理：具体包括手续费佣金核算与统计、保证金、资金结算与统计、交易、交割费用结算与统计。

撮合交易图形显示：包括多种线形图切换、多周期切换、多指标显示。

网银接口：通过与金融机构的接口互联，实现用户的历史网上交易明细查询、用户账户管理、订单支付状态查询等功能。

第三节 技术路线

一、平台技术支撑环境

系统中包括数据库服务器、平台服务器、通信服务器等；系统服务器中运行所有的软件系统，包括产品价格发布、订单管理子系统等；通信服务器采集农业生产信息并与各农贸市场进行通信获取实时的产品价格信息，并通过短信等多种方式发布信息；终端包括管理终端电脑和一部热线电话，通过终端可以查询和管理系统的数据信息，统计和打印各种报表；热线电话接受用户的热线咨询，提供实操指导服务。

二、平台开发技术

随着电子商务时代的到来，传统的开发平台已不能满足企业应用开发迅猛增加的需要。J2EE 是一种适应企业级应用开发的体系结构，它为企业级应用开发提供了一个可扩展的解决方案。本项目采用 J2EE 的多层体系结构、组件模型、分布式组件技术实现电子商务交易平台的设计。

（一）J2EE 简介

J2EE 是一整套技术、规范的总称，包括建立企业应用系统的各个面，使 J2EE 技术能够快速建立可伸缩性企业应用系统，其目标是提供一个基于 JAVA 语言的服务器应用结构，支持平台独立、可移植、多用户、安全和标准的企业级应用。

J2EE 利用 JAVA2 平台来简化诸多与多级企业解决方案的开发、部署和管理相关的复杂问题。它不仅巩固了 JAVA2 标准版中的许多优点，例如"编写一次、到处运行"的特性、方便存取数据库 JDBC（Java Data Base Connectivity，Java 数据库连接）API、CORBA（Common Object Request Broker Architecture，通用对象请求代理架构）技术以及能够在 Internet 应用中保护数据的安全模式等，同时还提供了对 EJB（Enterprise Java Beans，企业 Java Bean 规范）、Java Servlets API、JSP（Java Server Pages，Java 服务器端显示组件）以及 XML 技术的全面支持。

（二）J2EE 组件模型

J2EE 中可用的标准组件模型主要有：

（1）Java Bean。

定义了编写 JAVA 代码的标准模型，对外提供组件属性和事件以及与 Java Bean 容器的接口。

（2）CORBA。

定义了分布式访问用任何语言实现的组件的标准模型。标准通信容器环境（称为 ORB，对象请求代理程序）处理下述调用，即通过标准通信协议把从分布式客户机发出的调用传送至服务器端容器代码，该代码激活分布式对象方法。

（3）RMI（Remote Method Invocation，远程方法调用）。

RMI 为使分布式访问组件成为可能，定义了 JAVA 相关的接口模型。RM 容器环境装备 JAVA 平台并扩展支持使用相同底层通信协议，如 CORBA 的标准协议的通信。

（4）J2EE Web 组件。

Java Servlet 和 Java Server Page 表示服务器端的组件，它处理 Web 请求和生成 Web 表示内容。这样的 Web 组件运行和操作在基于 J2EE 的 Web 容器环境内部。

（5）EJB。

EJB 是服务器端的遵守标准模型的应用组件，它们在 EJB 容器和服务器内操作，其典型结构包括：EJB Server、EJB Container、Enterprise Bean、EJB Clients，辅助系统 RMI、JDBC、JMS、JTS 等，它为在分布式的计算环境中执行应用逻辑提供了一个可伸缩的框架结构。

在上述组件模型中，EJB 组件是 J2EE 的核心，它可以分为会话 Bean（Session Bean）和实体 Bean（Entity Bean）两大类。会话 Bean 代理客户端对服务器的请求，实现了业务逻辑的处理流程。实体 Bean 用来处理持久化数据，而不处理业务逻辑，它代表实际的数据对象及作用于该数据对象的方法，实体 Bean 提供的是一种在数据存储层中的面向对象的一种内存中的视图和一种将数据持久化的功能和对象的封装性结合的机制。

（6）BMP 组件。

BMP 组件是指所有的对象数据库的访问操作，都是组件的开发者开发的，即关于对象持久化的操作必须由开发者编写代码，将在内存中的对象转化为关系或对象数据库中的持久化数据。而通过 CMP 组件，组件的安装者只需要描述哪些操作需要涉及数据库,所以数据库的操作就可以通过容器或服务器完成,这样就可以达到一种数据存取的平台无关性。

三、平台开发逻辑分层

本项目电子商务交易系统采用 J2EE 多层体系结构设计,采用的技术主要包括 SERVLETS、JSP、EJB 等。根据业务需求,将平台分为四个逻辑层次,分别如下。

1. 客户层

客户层主要用于通过 HTTP 协议向最终用户显示被请求的信息,它还能够读取并解释用户的请求并调用 WEB 逻辑层的 EJB 组件,它知道如何通过特定协议与用户相互作用。

在基于 WEB 应用程序中,用户的浏览器在客户层中运行,并从一个 WEB 服务器上下载 WEB 层中的静态 HTML 页面或由 JSP 或 Servlets 生成的动态 HTML 页面。

2. WEB 逻辑层

目前,常用的动态网页技术主要有 ASP、PHP 和 JSP。相对大型企业系统而言,ASP 安全性较差,且不具备跨平台性。PHP 不支持多层体系结构,其提供的数据库接口支持也不统一。因此,使用 J2EE 规范一部分的 JSP 成为本项目开发首选的页面技术。WEB 层逻辑组件可由 JSP 页面、基于 WEB 的 APPLET 以及显示 HTML 页面的 Servlets 组成。调用 Servlets 或者 JSP 页面的 HTML 页面,在应用程序组装时与 WEB 组件捆绑打包。运行在客户层的 WEB 组件依赖容器来支持诸如客户请求和响应以 Enterprise Bean 查询等。

3. 业务逻辑层

业务逻辑层包含了一个或多个 EJB 服务器,及若干运行在 EJB 容器/服务器下的 Bean,其中每一个都会影响到最终用户。各种业务需求的逻辑代码由运行在业务层的 EJB 来执行。EJB 从客户程序处接收数据,对数据进行处理,再将数据发送到企业信息系统层存储。EJB 还从存储中检索数据，并将数据送回客户程序。

4. 企业信息系统（EIS）层

EIS 层是永久性数据保存的场所，它运行企业信息系统软件。在该层，布置实体 BEAN（BMP 或 MP）结合数据库系统。其中，数据库集合了所有关于电子商务网站的永久性信息，如：产品信息、企业信息、银行账户信息等。

上述各层间调用关系如下：HTTP 的客户端可以先向 Web 逻辑层上的 JSP（或 Servlet）发出请求；由 JSP 调用运行在业务逻辑层中的 EJB，以实现商业逻辑；最后由 EJB 访问数据库。

与传统的互联网应用开发相比，J2EE 具有良好的伸缩性、开放性和安全性，有着无可比拟的优势。在本项目电商交易平台设计中，综合运用 J2EE 技术，加强了系统的可扩展性、可重用性和可管理性，有效地降低了企业开发的成本，从而能够满足企业应用快速发展的需求。

第四节　数据中心建设

传统的企业数据中心，随着应用企业规模增加，数据规模增加，费用成本也在不断增加。并且其资源利用率低下、负载难以预测、业务需求响应缓慢、运营管理日趋复杂，占用了企业大量的时间和精力。

随着云计算技术的不断成熟，云计算的影响力不断增长，云计算所带来的基础设施服务，通过规模化和自动化、提供资源的按需弹性供应、快速支配和部署等功能，通过屏蔽基础设施的复杂性，大大简化了运营管理成本。

按照云计算提供者与使用者的所属关系，将云计算分为三类，即公有云、私有云和混合云。

一、公有云

公有云是将搭建好的云资源池放到 Internet 上，所有有使用权限的用户都可以按需使用。

二、私有云

私有云是企业或其他组织在自有数据中心单独搭建，或者由类似企商在线这样的云服务提供商通过用户需求进行搭建，再整体租给该用户。除所有者之外的用户无法使用。

三、混合云

混合云是指公有云和私有云的混合，大多数是指在私有云搭建好自后，由于业务发展等原因，资源需求量超过了资源池，所以需要通过申请使用公有云作为私有云的补充。

随着电子商务平台业务规模的扩大，平台数据量增加，业务系统运行安全性需求迫切，这对企业数据中心的运营提出了更高的要求。为了满足业务系统运行需求，将利用云计算技术构建企业私有云架构。其优势如下。

1. 低成本

相对于根据不同业务分别配置不同的服务器，私有云可以通过整合资源池，高效地利用服务器的配置资源，一个10台机器集群构建的私有云，在资源利用和性能上可以满足30台甚至更多传统独立服务器的应用需求。考虑机房维护、电费、折旧等因素，私有云在保证性能更出色的同时，大大降低了成本。

2. 全面的软件兼容性

私有云可以支持现有的各种操作系统，通过私有云企业可以完美地构建Windows和Linux各版本的资源共享平台，而这在传统主机上是不可能实现的。

3. 资源弹性分配

企业可以根据自身各职能部门的需求变更相对应的资源配置，满足各需求类型负载弹性变化的需求。

4. 快速部署

企业可以将自己的业务模块部署到私有云的模板库中，在需要的时候选择创建即可，只需几分钟即可完成传统的系统安装、安全策略、环境部署以及测试等工作。

5. 服务器零宕机

在企业根据自身需求进行升级和迁移时，无须停止服务，可以实现数据漂移，保证了服务器零宕机。

6. 数据安全

虽然所有的公有云提供商都对外宣称，其服务在各方面都非常安全。但是对企业而言，特别是大型企业，和业务相关的数据是企业的生命线，不可受到任何形式的威胁。尤其是系统中的订单信息、交易记录信息等都要绝对保证不丢失与不篡改。而私有云因为它一般都构筑在独立的内网之中，就可以有效地体现数据安全方面的优势。

在建设以基于私有云架构的企业数据中心时，包括计算机系统和其他与之配套的设备（通信和存储系统），还包含冗余的数据通信连接、环境控制设备、监控设备以及各种安全装置。

数据中心设在公司中心机房，安装专业服务器、机柜、UPS 等相关设备，采用 SAN 技术对大数据进行存储和实时备份，采用虚拟化技术实现计算资源动态分配。购置安装正版 Red Hat Enterprise Linux 5.0 操作系统、Oralce Database11g+RAC+EM 数据库软件，建立综合信息服务平台、现货交易和中远期电子商务交易系统平台、物流信息数据库系统等，服务器群用来承载以上系统的稳定、高效的运行。图 4-12 为数据中心与网络架构拓扑。

随着信息技术的发展，特别是信息化程度的深入发展，企业的数据以指数方式增长，大量的数据在带给企业财富的同时，数据丢失带来的损失风险也越来越大，容灾备份则显现出重要性。

虽然近年来数据备份的重要性得到了大部分企业管理者及 IT 管理者的认识，

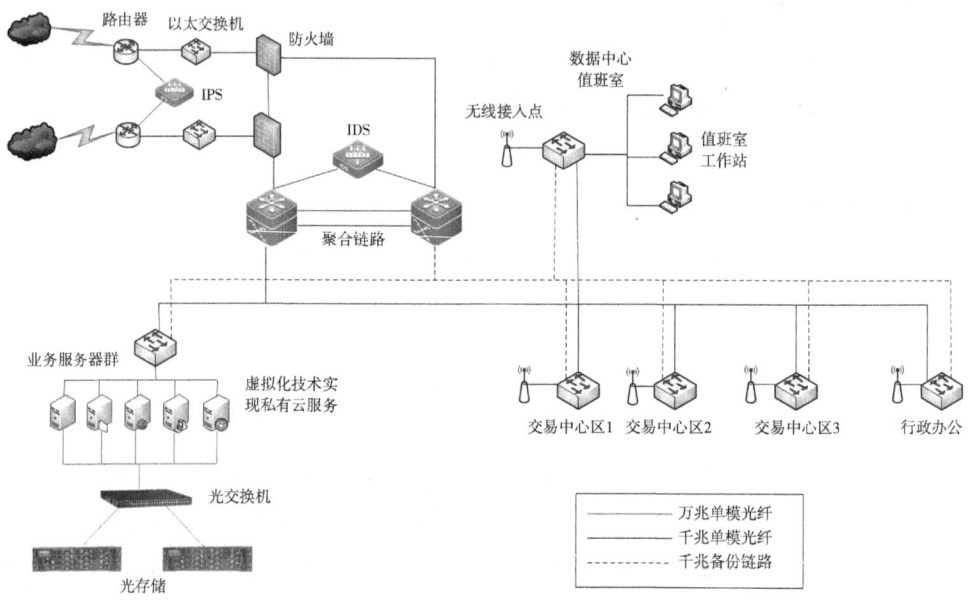

图 4-12　数据中心与网络架构拓扑

但由于国内信息化发展比国外晚，大部分公司，特别是中小企业对数据备份还未充分重视。然而，由于不少企业并没有真正意识到容灾备份的重要性，对灾难性事件给企业造成的影响准备不足，当数据丢失的意外事件发生时后悔莫及。尽管在信息化程度较高的地区，部分公司内部的数据备份方案得到实施，然而这只是解决了公司数据安全的一部分，并没有解决公司数据在本地的一些威胁，如：计算机被窃、发生意外火灾等公司本地的数据意外破坏。不管是已经有无实施数据备份项目的公司，异地备份都是解决数据安全的重要部分。

内蒙古自治区为了贯彻落实"8337"发展思路，着力加强产业结构调整，扶持战略性新兴产业，集中力量扶持建设国家级云计算产业基地，尽早成为内蒙古经济的先导产业和支柱产业，在2012年，在和林盛乐园区和呼和浩特市鸿盛园区投产建设全国规模最大的云计算数据中心，并在2013年，部分数据中心已上网运行。

为积极响应政府"8337"号召,为 IT 产业提供发展机遇,保证电商平台信息数据的安全性,采取异地容灾备份策略。将数据灾备业务部署在云计算数据中心中。

图 4-13 是异地容灾备份的拓扑结构。

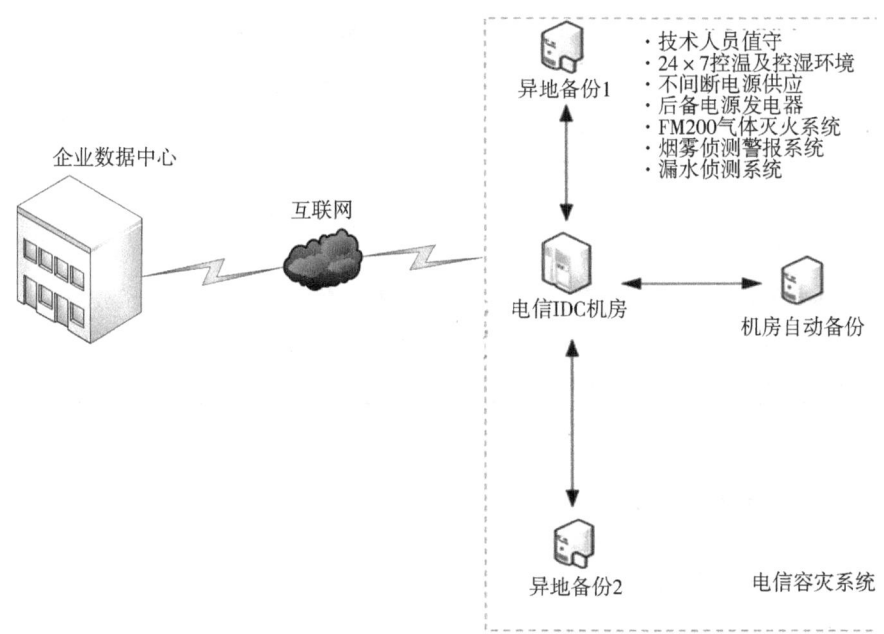

图 4-13　异地容灾备份的拓扑

由电信运营商推出,旨在为企业提供完美的异地容灾方案。基于专线网络与高速 IDC 机房构架。企业用户只需申请开通一个企业账号,按空间按年付费,即可轻松实现异地容灾。

第五节　设备方案

通过技术方案的设计,本项目内蒙古和信园蒙草抗旱绿化股份有限公司草产品电子商务交易平台建设所需设备主要包括:数据中心基础设备、网络互联设备与主机、平台软件、应用软件、异地容灾备份。

一、数据中心基础设施

数据中心基础设施见表4-1。

表4-1 数据中心基础设施

序号	产品名称	型号/配置
1	综合布线	按5 000m计，单模光纤60.00元/m，人工成本20.00元/m
2	机房基础装修	含顶、门、窗、地板、墙、照明灯等
3	机房电气&防雷系统	配电、开关、浪涌保护、线路、接地、防雷等
4	UPS系统	APC，长延时
5	机房消防系统	烟、火声光报警、软件及控制器等
6	机房空调系统	艾默生、室内机、室外风冷器LSF62.承重底座刷防锈漆
7	机房环境监控	视频监控、温湿度、门禁、软件、工控机等

二、网络互联设备与主机

网络互联设备与主机见表4-2。

表4-2 网络互联设备与主机

序号	设备名称	型号规格	数量
网络设备			
1	互联网/数据专线	年费，需谈判	3
2	路由器	中低档，≥4WAN光口，吞吐量>1G	2
3	核心交换机	双引擎，电口，48口	2
4	汇聚交换机	48电口+2光纤口，100M/1 000M	4
5	接入交换机	24电口，100/1 000M	6
6	FC交换机	光纤交换机-双电源-8激活端口（含8×8GbSFPs，单设备最大支持20端口）	1
7	负载均衡器	Cache4G/存储8G/端口数10，10/100/1 000×8，FC×2，流量吞吐量2Gbps,支持并发访问100 000	2

(续表)

序号	设备名称	型号规格	数量
安全设备			
8	防火墙	带宽≥100M，并发≥1 000	2
9	入侵防御系统（IPS）	主流品牌，300 用户，50 并发	1
10	入侵检测系统（IDS）	主流品牌	1
11	隔离网闸	双向，带宽≥100M	1
服务器			
12	DB 服务器	小机，≥4CPU，≥128GB，300G×2，RAID，HBA×2	2
13	存储	控制框（双控，220V 交流，8GB 缓存，8×4GFC+4×GEiSCSI 前端主机端口，含 UPSCache 保护模块），主机与 LUN 的映射数（16 个映射），1TB7.2KRPM4GFC-SATA 硬盘 24 块	2
14	应用服务器群	≥4 核，≥32G，300G×2，RAID	12
15	网络管理主机	主流 PC 机	4
16	业务审计主机	主流 PC 机	4

三、平台支撑软件

平台支撑软件见表 4-3。

表 4-3　平台支撑软件

序号	产品名称	型号/配置	数量
1	操作系统	Red Hat Enterprise Linux 6.0	14
2	中间件	Oracle Weblogic11g Enterprise Edition	12
3	数据库管理系统	Oralce Database11g+RAC+EM	2
4	网页防篡改系统	主流厂家	2

四、平台应用软件

平台应用软件见表 4-4。

表 4-4 平台应用软件

序号	产品名称	数量
1	电子商务交易平台软件	1套
2	综合信息服务平台软件	1套
3	物流信息管理系统	1套

五、容灾备份（租用电信运营商 IDC 设备，IDC 收费标准）

容灾备份见表 4-5。

表 4-5 容灾备份

序号	产品名称	型号/配置	数量	租期（年）
1	服务器租用	中型主机	6台	5
2	存储租用	10T（FC通道）	100T	5
3	带宽租用	10M	50M	5

六、备注

1. 服务器（中型主机基本配置）（表 4-6）

表 4-6 服务器

虚拟核数（vCore）	内存（GB）	存储空间（GB）
4	8	250

2. 带宽

静态路由接入 50M。

3. 存储

FC 光纤通道的 SAN 存储 100T。

第五章　交易实施标准及规则

第一节　交易标准设计原则

一、运行安全稳健

国内外电子市场的实践证明，大宗电子交易在国民经济中发挥作用的领域比较广泛，市场功能发挥更加充分。在草产品电子合约设计过程中，始终坚持电子合约规则设计与草产品现货市场容量相适应的原则。

二、符合现货流通习惯

现货市场是电子市场的基础，电子合约设计应该符合现货贸易习惯，尽量减少不必要的交易和交收成本，以使电子市场功能得到更好地发挥，保障现货产业客户套期保值交易的顺利进行。因此，在草产品电子合约的交收质量标准、涨跌停板、最小变动价位、交易单位等条款的设计过程中，考虑到草产品的品种特性以及现货贸易中的品牌效应，实行推荐品牌交收等制度，尽可能为现货企业套期保值提供方便，以更好地发挥电子市场功能。

三、同国际市场接轨

草产品品种的国际化属性将越来越高，国内、国际市场价格联动也将日益紧密。为此,在设计草产品电子合约时,借鉴了国外电子商务交易平台的草产品合约设计经验,在选择交易标的物、确定交收月份等方面,注意兼顾国内与国际贸易习惯。

第二节 合约文本设计及说明

合约文本设计及说明见表5-1。

表5-1 合约文本设计及说明

交易品种	无公害草产品
交易代码	PT0000（前两位数表示年份,后两位数表示月份）
报价货币	人民币
交易单位	手（1手等于100千克）
报价单位	元/手
最小变动价位	2元/手
每日最大波动限制	上一交易日结算价的±5%
交收月份	1、3、5、7、9、11
交易时间	每周一至周五（法定节假日除外） 上午09：30—11：30 下午13：30—15：00 其中：上午9：20—9：30为集合竞价撮合时间
最后交易日	交收月份第十个交易日
最后交收日	交收月份第十七个交易日
单个交易商最大订货量	不得超过单个交货月合同订货量的30%,且≤50 000手
最小交收单位	300手
交收等级	符合行业规定质量要求
交收地点	交易中心指定交收仓库
交易报价	在公司中心在地交货价（不含税）
保证金	成交后保证金额度不低于20%
交易手续费	1%
交收手续费	1%
交收方式	实物交收

第三节 交易规则及交易管理

一、交易及交易管理

交易中心的交易时间为交易中心交易日的指定时间,由交易中心提前公布,交易开始与终止时间以交易中心交易系统时间为准。交易时间如有调整,以交易中心公告为准。

交易中心交易价格实行最小变动价位制,交易商报价必须是最小变动价位的整数倍。交易中心对每日交易价格最大变动额度进行限制,并有权根据市场情况进行适时调整。调整前以公告形式通知交易商。

交易中心交易价格实行最小变动价位制,交易商报价必须是最小变动价位的整数倍。交易中心对每日交易价格最大变动额度进行限制,并有权根据市场情况进行适时调整。调整前以公告形式通知交易商。

交易商在交易中必须按照其所订立合同价值的一定比例缴纳保证金,作为其确实履行合同而向对方做出的履约承诺。履约保证金额度标准执行国家法律、法规标准。交易中心视价格变动情况决定是否追加保证金。

二、交易商及交易商管理

交易商是指与交易中心签署了《交易商入市协议》后,按规定交纳了相关费用并获得了交易账户与初始密码的交易者。交易者必须是具备相关草产品供应、经营、加工与消费资格的企业法人、个体工商户和用户。一个交易商只能拥有一个交易账户,即同一申请人不能同时拥有两个或两个以上交易账户。

三、合同及合同管理

合同是指交易商通过委托交易中心电子商务交易平台订立的草产品交易合

同。合同以电子文件形式存储于交易中心电子交易系统，交易中心负责对交易商订立的合同进行保密，未经合法授权，任何其他人不得查阅。

交易中心的交易是在交易中心组织下，交易商通过计算机网络进入交易中心交易系统进行报价、成交和实物购销的过程和行为。交易中心通过"草产品电子商务交易平台"网站向交易商提供专用交易软件下载，交易商凭交易账户和交易密码进行交易。

交易中心的交易时间为交易中心交易日的指定时间，由交易中心提前公布，交易开始与终止时间以交易中心交易系统时间为准。交易时间如有调整，以交易中心公告为准。

交易中心电子交易方式为：

交易商将买卖指令输入交易系统；

交易系统按价格优先、时间优先的原则自动对买卖指令撮合配对成交；

交易系统内已经成交的指令不得变更；

交易系统内未成交的指令可以撤销但不能变更；

每天交易结束后，交易系统内的未成交指令自动失效。

四、结算及结算管理

交易中心在银行开设交易商交易资金结算账户和货款结算账户，用于代收代付或暂存暂付交易商交易交收发生的价款及各项费用，并按交易账户实行分户管理。

交易商交易资金结算账户和货款结算账户的资金划拨在银行的监管下办理。交易中心与银行合作，通过签订三方协议的办法，为交易商提供交易资金结算账户与货款结算账户出入金自动转账业务，以提高交易商出入金办理效率。

交易中心实行当日无负债结算制度。当日结算完毕，结算数据显示交易商当日可用资金小于零，该结算结果即为交易商应向交易中心追加的资金，交易商应在下一交易日开市前补足资金或在下一交易日开市后30分钟内自行转让已持有的电子合同订单，使可用资金大于零。否则，交易中心有权随时强制转让其持有的电子合同订单，直至其可用资金大于零，由此产生的损失由交易商自行承担。

交易中心以结算单据或数据电文等方式向交易商提供当日结算数据，交易商自行通过交易中心网络交易系统提取结算数据。如需交易中心提供书面对账单据时，交易中心将按照交易商提供的通信联络方式提交对账单据，一经提交即视为交易商已收妥。

五、交收及交收管理

交收是指买卖双方按照合同要求，在约定的时间内，通过向交易中心提交货物和货款而履行合同义务的行为。交易中心鼓励交易商进行现货交收。

交易中心根据货、款、票流向一致的原则负责组织买卖双方办理交收手续。

交易商必须严格按照其所订立且最后未转让的合同的约定，在规定的交货时间内完成货物交收。

交易中心实行交收匹配制度。交易中心于最后交收日前完成匹配工作并通知有关交易商。

六、风险控制及信息发布

为确保交易中心的交易安全，维护交易商长期合法权益，交易中心通过实行保证金及涨跌停板制度、结算与出入金管理制度、限制订货量制度、强制转让制度和风险警示制度等，有效控制交易商在交易中心的交易风险。具体实施办法详见《风险控制管理办法》。

七、违约行为及处理

1. 违约

违约是指交易商违反交易中心《电子交易合同》或《交易商入市协议》的约定，不履行或不完全履行合同义务的行为。违约分为交易违约和交收违约两类。

（1）交易商有下列行为之一的，视为交易违约。

①交易商当日可用资金小于零，并未能在规定时限内补足的。

②交易商订货量超出规定数额的。

③交易商在交易过程中出现的恶意炒作、操纵价格、扰乱交易秩序的行为。

④交易中心认为的其他构成交易违约的行为。

（2）交易商有下列行为之一的，视为交收违约。

①截至合同规定的最后交收时间，买方未能按成交价将全部货款转（汇）到交易中心指定账户的，且用其履约保证金补充后仍有不足的部分。

②截至合同规定的最后交收时间，卖方未能按合同要求足量履行交货义务的不足部分。

③卖方所交付的货物经抽样质检，被判定为不符合该合同规定的质量等级要求的。

④交收数量和交收数量溢短不符合合同规定的。

⑤交易中心认为的其他构成交收违约的行为。

2. 违约处理办法

（1）对交易违约行为，交易中心将根据交易违约行为类型对交易商采取以下一种或多种风险控制措施。

①提示或劝告。

②调整其履约保证金额度。

③责成交易商限量或限期自行转让合同或由交易中心强制转让其部分合同。

（2）对于交收违约行为的处理。

①交易中心有权终止违约方交易商新订电子交易合同的交易资格。

②构成交收违约的，违约方须按交易中心规定标准支付违约金，交易中心直接从该违约交易商的保证金或货款等可用资金中划扣，用于因违约行为导致守约方无法履行合同时对守约方的赔偿。

违约金由交易中心从违约方账户的自有资金中直接向守约方划转。如违约方自有资金部分不足,交易中心按以下方式进行处理及追索:

A. 用该交易商在交易中心的资金或货物清偿。

B. 对该交易商持有合同进行强制转让,用其履约保证金清偿。

C. 与实际违约数量相对应的该部分合同自动解除。

D. 通过法律途径追索。

对多次、严重或恶意违约的交易商,交易中心将取消其交易商资格。

交易商在交易及交收过程中所产生的纠纷,由交易中心按照本办法及相关管理办法协调。交易商对交易中心协调有异议时,可向交易中心所在地仲裁机构申请仲裁或向交易中心所在地人民法院申请裁决。

第四节 交收实施标准

以草产品交易为例,本项目的交收质量标准依据行业标准执行,并实行推荐品牌交收制度。对于推荐方供应的推荐品牌产品,如果投资者可以提供供应方出具的质检证书及质量承诺书原件,可实现免检注册仓单,从而节约了投资者的交收成本。此外,为方便投资者参与草产品电子交易、交收,中心规定非推荐方非推荐品牌的草产品产品,只要质检合格,也可以进入交收。

第五节 结算银行及结算细则

一、结算业务现状

目前国内银行与电子公司的合作随着电子市场的快速发展而不断深化,无论在合作形式,还是在合作内容上,都取得了长足的进步,传统的单一合作模式正在向新型的全面合作模式转变。2012 年,电子市场全年成交金额达到了 70 万亿元,相比 2010 年的 41 万亿增长了 70%,而此前的 2008 年成交金额仅 21 万亿元,期市成交金额连续的高速增长大大提升了银行对电子业务的关注度,使得银期合作的前景十分广阔。未来随着银行与电子公司之间合作的进一步深化,以及合作模式的进一步成熟,银期合作将为投资者、电子公司、银行带来三方共赢的机会。

银行与电子公司的传统合作模式是建立在相关业务互相依赖的基础之上的。为了保障电子投资者的保证金安全,防止电子公司挪用、占用投资者保证金的行为,2004 年 7 月 20 日,中国证监会制定了《电子经纪公司客户保证金封闭管理暂行办法》,要求电子公司的电子投资者的保证金必须全额存入从事电子交易结算业务的商业银行,与电子公司自有资金分户存放,实行封闭管理。上述规定赋予结算银行承担电子公司保证金的存放和划拨业务资格,从此,开启了电子业与银行业的合作之路。

随着电子保证金安全存管制度的推行,银期转账业务得到了快速发展。银期转账业务是银行业和电子业合作为电子投资者提供的保证金汇划业务,可帮助个人电子投资者在电子公司的电子保证金账户和结算银行的电子结算账户之间进行实时的划转。但原先五大结算行的银期转账都为分散式的,即电子公司与投资者开户行均属同一地区,与银行签署三方协议,完成本地银行电子资金的划转,这种分散式的银期转账只能满足电子公司与投资者开户行在同一省(市)内的转账,电子公司受网点限制,异地客户出入金非常不便。为此,五大结算行陆续推出了全国集中式银期转账系统,即所谓的"银期通"系统,通过银行与电子公司总对总的连接方式,实现银行网点为电子公司及投资者提供全国范围内的银期转账服务。而且,系统支持银行端和电子端双向发起,网络、电话、柜台等多渠道方式进行转账,费率设置也比较灵活,包括按笔收费或按年收费,为电子投资者提供了极大的便利。

电子市场的快速健康发展吸引了庞大的产业客户群,其对资金使用效率的要求,让标准仓单质押成为银期合作的重要业务。标准仓单是指在草产品电子商务交易平台指定的交收仓库完成入库草产品验收、确认合格并签发"货物存储证明"后，按统一格式制定并经交易中心注册可以在交易中心流通的实物所有权凭证，具有流通性好、价值高的特点。标准仓单比一般票据的信用度高、风险小、回报高，是一种很好的银行贷款品种，既为电子公司客户解决了短期资金需求问题，又为银行带来了新的业务增长点，成为很多中小银行积极拓展的电子业务。虽然电子商务交易平台也开展了标准仓单质押业务，但是仓单质押释放的交易头寸只能用于某交易中心的电子交易，不能在整个电子市场流通，对某些套期保值者或现货购买商来说限制了其进一步购买现货的能力。而商业银行开展的标准仓单质押贷款更加灵活，吸引力更大。目前标准仓单质押业务比较广泛地运用在交收环节，很多银行经过多年的探索已经形成较为成熟的操作模式和流程，还对套期保值项下的标准仓单质押、跨市套利项下的标准仓单质押等业务进行了创新探索。

  传统银企合作是低层次的、银行起主导作用的一种模式。电子公司更多的是依靠银行的资金、技术平台、营销网络等资源优势，实现低成本的跨越式扩展。传统模式下，银行对电子公司业务不够重视，在银期转账、人才及资源投入方面进展缓慢。而新型全面合作是基于电子行业面临爆炸式增长机遇，在交易品种、交易量及经营范围上将发生质变时而展开的合作。银行与电子公司之间以相对平等的金融企业身份就电子业务开展合作，包括传统业务支持、客户资源共享、产品创新等全方位的合作。

  证券公司介绍客户至电子公司获得佣金分成的"IB"模式早已为市场所熟悉，银行网点介绍客户至电子公司进行电子交易，从而获得佣金返还的合作也愈发紧密。绝大部分银行高端客户都有自己的股票、基金账户，但拥有电子账户的人数却很少，因此，银行在这方面的运作相当积极。作为回报，电子公司也会介绍自己的客户将基础业务放在相应银行，并组织分析师对银行从业人员和客户进行免费的电子知识培训。尽管由民生银行开发的国内首个草产品电子套利理财产品在发售当天临时撤柜，但这并没有打击其他银行开发此类产品的热情。外资银行很早就推出了挂钩草产品的产品，收益颇丰，而次贷危机导致不少股市挂钩的理财产品，包括 QDII 产品亏损连连，使得银行理财产品的销售困难，监管部门又叫停了银行的外汇保证金交易，银行迫切需要创新电子类理财产品。不过，电子类理财产品究竟能否在国内银行网点进行公开销售，监管部门尚未作出明确表态。

银行对电子市场的态度经历了"180度"大转弯，国内银行纷纷主动与电子公司洽谈深入合作事宜。商业银行对电子公司主动"示好"的原因在于银行业竞争激烈，传统业务发展到一定程度后容易陷入瓶颈。在经过一系列尝试后，银行渐渐把注意力集中到了尚未充分"开垦"的电子市场上，加速了传统合作模式向全面合作模式的转型，特别是综合实力较强的电子公司已经充分获得银行认可。2008年以来，银行与电子公司签订全面战略合作协议的消息频频见诸报端。如广发电子先后与建设银行、招商银行、广发银行等多家银行建立了战略合作关系，双方除了开展传统的银期转账、标准仓单质押业务外，还在符合国家政策和有关法律法规的前提下，就客户营销及资源共享、培训交流、电子理财产品开发、投资顾问、创新业务等方面展开深入合作，共同促进双方业务的发展。

此外，银行纷纷加大了对电子业务的投入，实际上，电子业务早已被多家银行列入未来重点发展的战略之中。"工农中建交"等五大银行在一些发达地区专门开设了"电子结算专用窗口"，建立了方便电子公司和投资者办理电子结算及相关业务的专用"绿色通道"。尽管五大银行对电子保证金存管业务的垄断还没有破除，但不少中小银行仍然提前准备，在部门架构的建设和对外营销上加大投入，在电子公司自有资金存放、标准仓单质押和产品创新等方面对五大银行发起冲击。

修订后的《电子交易管理条例》（以下简称《条例》）在 2007 年 4 月 15 日正式实施。《条例》最大的亮点是将品种由草产品电子扩展到金融电子和期权交易，为我国推出外汇电子和外汇期权以及股指电子和股指期权等金融衍生品奠定了法律基础。《条例》还删除了金融机构不得从事电子交易、不得为电子交易融资和提供担保的禁止性规定。同时，电子公司也已明确定位为金融企业，电子公司可申请境外电子经纪业务。这些都为银行和电子公司的合作创造了良好的制度环境，也意味着银期合作的空间被拓宽，银期合作的深度也将加强。

银监会 2008 年 3 月 7 日下发了《关于商业银行从事境内黄金电子交易有关问题的通知》，标志着我国银行业首次获准从事境内电子业务，虽然实际业务还没有正式开展，但这是大势所趋。一旦商业银行正式进入电子市场，银行可以将电子的对冲避险功能纳入自身资产管理、财务顾问等业务之中，这将极大提升国内电子市场的规模，改变电子市场机构投资者不占优势的现状，使银行与电子公司的进一步合作基础增强。股指电子推出后，中国金融电子商务交易平台将引入商业银行作为特别结算会员，商业银行将就此开始参与电子结算业务。这为银期合作进一步打开了空间，因为在分层结算会员制度安排下，具备交易会员资格的电子公司以及基金公司出于客户资源及信息披露机制的考虑，预计倾向于将其结算业务放在具有特别结算会员资格的商业银行。

二、结算银行

草产品电子商务交易平台预计指定中国工商银行、中国农业银行、中国银行、中国建设银行、交通银行、民生银行等全国性银行作为交易中心的指定结算银行。

中国工商银行通过 21 000 多家境内机构、100 家境外分支机构和遍布全球的上千家代理行，以领先的信息科技和电子网络，向八百多万法人客户和 1 亿多个人客户提供包括批发、零售、电子银行和国际业务在内的本外币全方位金融服务。

中国农业银行通过全国 24 064 家分支机构、30 089 台自动柜员机和遍布全球的 1 171 家境外代理行，以覆盖面最广的网点网络体系和领先的信息科技优势，向超过 3.5 亿客户提供便利、高效、优质的金融服务。

中国建设银行（以下简称"建行"）在中国拥有长期的经营历史。其前身为成立于 1954 年的中国人民建设银行，于 1996 年易名为中国建设银行，是中国的四大国有商业银行之一。于 2004 年 9 月分立而成立，承继了原中国建设银行的商业银行业务及相关的资产和负债。目前，建行总部设在北京，截至 2006 年年末，在境内设有 13 629 个分支机构，并在新加坡、法兰克福、约翰内斯堡、东京及首尔设有分行，在伦敦、纽约设有代表处。拥有员工 297 506 人。2006 年 9 月 11 日，建设银行正式入选恒生指数成分股，首开 H 股公司"染蓝"先河。

中国银行股份有限公司（Bank of China Limited），总行（Head Office）位于北京市复兴门内大街 1 号。它是中国（不包括中国的香港、澳门、台湾地区）五大国有商业银行之一，规模在中国五大银行位列第三。中国银行的业务范围涵盖商业银行、投资银行和保险领域，旗下有中银香港、中银国际、中银保险等控股金融机构，在全球范围内为个人和公司客户提供全面和优质的金融服务。按核心资本计算，2008 年中国银行在英国《银行家》杂志"世界 1 000 家大银行"排名中列第 10 位。目前，中国银行拥有遍布全球 28 个国家和地区的机构网络，其中境内机构超过 10 000 家，境外机构 600 多家。

交通银行拥有辐射全国、面向海外的机构体系和业务网络。分支机构布局覆盖经济发达地区、经济中心城市和国际金融中心。目前，除西藏、青海外，交通银行在内地各省、直辖市、自治区设有省级分行 29 家，在全国 190 多个大中城市设立了营业网点 2 648 个。海外机构方面，交通银行在纽约、东京、新加坡、首尔、澳门、法兰克福设有分行，在伦敦、悉尼设有代表处。与全球 125 个国家和地区的 1 000 多家银行建立了代理行关系。全行员工 7.9 万人。

中国民生银行截至 2009 年底，中国民生银行总资产规模达 14 263.92 亿元，存款总额 11 279.38 亿元，贷款总额（含贴现）8 829.79 亿元，实现净利润 121.04 亿元，不良贷款率 0.84%，保持国内领先水平。截至 2009 年 12 月 31 日，中国民生银行在北京、上海、广州、深圳、武汉、大连、南京、杭州、太原、石家庄、重庆、西安、福州、济南、宁波、成都、天津、昆明、苏州、青岛、温州、厦门、泉州、郑州、长沙、长春、合肥、南昌、汕头设立了 29 家分行，在香港设立了1家代表处，机构总数量达到434家。

三、结算规则

本项目的结算规则依据《大宗商品电子交易规范》执行。

第六节　风险管理

依据内蒙古的草产品现货流通现状，草产品电子交易市场设计了一整套风险管理系统，以及市场管理和各交易主体的风险防范机制。

一、结算子系统

草产品电子交易系统通过结算子系统实现出入金管理、仓单管理、结算处理、结算报表查询功能。图5-1为交易系统结算显示界面，图5-2为结算子系统功能架构图。

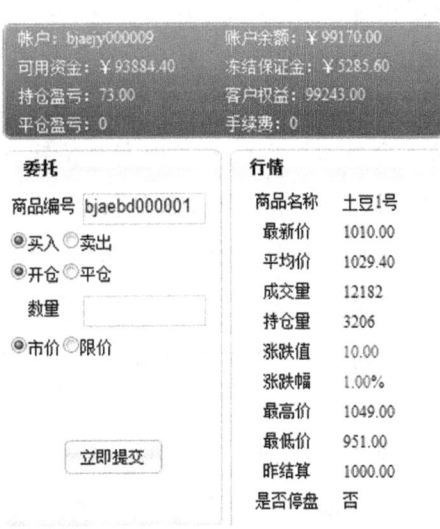

图5-1　交易系统结算显示界面

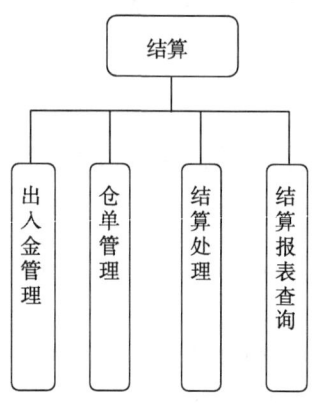

图 5-2　结算子系统功能架构

1. 出入金管理模块

出入金管理模块可以实现出入金的记账和复核以及出入金情况查询，另外草产品电子交易系统也提供银行接口使入金/出金流程自动化、实时化。

出入金管理模块的主要功能包括：会员入金记账功能、会员入金复核功能、会员出金记账功能、会员出金复核功能、出入金查询功能、出入金核对功能。

通过出入金管理模块中的会员入金记账，结算管理员可以对交易商/会员入金进行记账。结算管理员登录进入结算管理界面，点击"会员入金记账"，进入会员入金记账界面，输入会员编码，点击"查询"按钮，系统查询显示出该编码所对应的会员名称，结算管理员输入现金入金金额、支票入金金额、银行票据编码，选择入金类型（中心入金/银行入金），点击"记账"按钮，系统增加一条会员入金记录，设置为未复核。在会员入金记账界面，结算管理员也可以查询未复核记账及撤销未复核记账，只要点击相应的按钮即可实现。

2. 仓单管理模块

仓单管理模块能够实现仓单的注册、注销以及仓单和定金的相互置换、仓单明细查询、仓单注册/仓单注销查询、仓单/定金置换查询。

仓单管理模块的主要功能包括：仓单注册功能、仓单注销功能、仓单和定金的相互置换功能、仓单明细查询功能、仓单注册/仓单注销查询功能、仓单/定金置换查询功能。

3. 结算处理模块

结算处理模块实现的功能是根据当天的交易、交收结果、交易商之间的合同约定和交易中心、交易市场的相关规定对交易商货款、价差及各项费用等进行资金计算和划拨。

当天交易结束后，交易管理员可以通过交易管理子系统中的平台基础管理模块中的交易状态管理功能查询交易中心交易状态，将交易中心状态修改为结算开始并进行结算确认。

4. 结算报表查询模块

结算报表查询模块能够让结算管理员查询到每日的会员结算报表和交易中心结算报表、银行对账报表。

二、交易管理子系统

草产品电子交易系统通过交易管理子系统为电子交易市场、交易中心的交易管理人员提供后台管理界面，可以对中心基础配置、交易主体、交易标的、交易权限、特殊待遇等进行后台管理。

交易管理子系统的功能模块可以划分为电子交易平台基础管理模块、交易主体会员管理模块、交易标的（商品）管理模块、交易权限管理模块和特殊待遇管理模块。以下是交易管理子系统的架构图（图5-3）。

1. 平台基础管理模块

平台基础管理模块使得交易中心管理人员可以维护交易日期、交易时间、交收仓库、结算银行信息，并通过定金率管理根据距交货日期或成交日期的时间长短来灵活的设置买方分期付款的付款标准和卖方仓单担保金付款标准、通过交易状态管理查询、修改交易中心及各个交易合同的交易状态（如暂停、恢复交易、结算开始、结算确认等）。

2. 交易主体会员管理模块

交易主体管理模块使得交易管理员可以查询、维护会员/交易商、席位、客

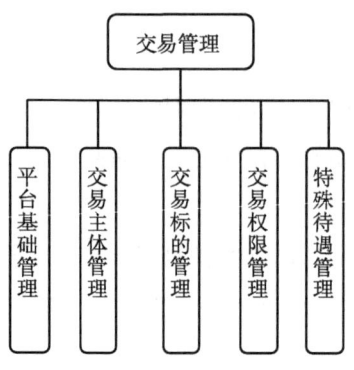

图 5-3　交易管理子系统的架构

户的各种基本资料信息，并可以为席位绑定交易员。

主要功能有：交易商（会员）信息维护及查询功能、交易席位信息维护及查询功能、客户信息维护及查询功能、交易员绑定功能。

3. 交易标的（商品）管理模块

交易标的管理模块使得交易管理员可以维护各交易品种的商品模型及各种属性（如产地、质量、标准、级别等）、建立远期、现货、竞价交易合同并设置相关交易信息。

交易标的管理模块的主要功能包括：商品模型定义功能、中远期撮合交易合同维护功能、现货交易合同维护功能、竞价交易合同维护功能。

您当前的位置：系统管理 - 参数设置			
会员初始密码：	123456	第一天涨跌停幅度：	5 ％
留仓期限：	182　天	第二天涨跌停幅度：	7 ％
保证金比率：	20　％	第三天涨跌停幅度：	8 ％
	提交		

图 5-4　参数设置

4. 交易权限管理模块

通过交易权限管理模块，交易管理员可以维护会员、交易商、席位、客户、交易员在各种交易模式下对各种交易合同的交易禁止权限（如买入、卖出、订货、转让等）。

交易权限管理模块的主要功能包括：会员交易权限维护及查询功能、席位交易权限维护及查询功能、客户交易权限及查询功能、交易员交易权限维护及查询功能。

5. 特殊待遇管理模块

通过特殊待遇管理模块，交易管理员可对不同的交易商、会员、席位、客户在各种交易合同分别设置不同的交易手续费、当日转让手续费、交收手续费、订货限额等，在交易、交收中实现"特殊待遇"。

特殊待遇管理模块的主要功能有：会员特殊待遇维护及查询功能、席位特殊待遇维护及查询功能、客户特殊待遇维护及查询功能、交易员特殊待遇维护及查询功能。

三、交易监控子系统

草产品电子交易系统为电子商务交易平台、交易市场风险控制人员专门设计开发了交易监控（风险控制）子系统，可以监督交易系统的当前状态，提供监控查询、预警功能和强制操作手段，实现电子交易平台的风险防范和风险处理。

交易监控子系统的功能模块可以分为监控查询模块、强制操作模块和监控预警模块。草产品电子交易系统在交易客户端和后台管理端等操作处都有详细的日志记录备查；各种交易数据和日志记录无需人工干预自动加密存储或可采用第三方 CA 认证电子证据保存。以下是交易监控子系统的框架图（图5-5）。

1. 监控查询模块

交易监控员可通过监控查询模块对交易系统的运行状况进行各种监控查询，如：交易委托（报单）查询、交易排列监控查询、会员资金风险度查询、病态

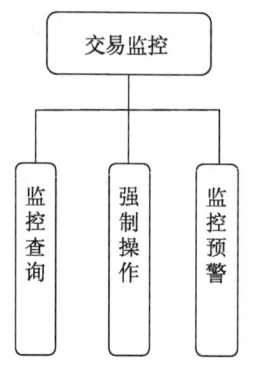

图 5-5 交易监控子系统框架

会员查询、强制转让/撤单查询、冻结/解冻资金查询、冻结/解冻订货查询、冻结/解冻仓单查询、会员资金调整查询、协议转让查询等（图5-6）。

图 5-6 查询界面

监控查询模块的主要功能包括：查询功能、查询结构图示化功能、查询日志功能。

2. 强制操作模块

交易监控员可通过强制操作模块根据电子交易平台的运行状况进行各种强制操作，如：强制转让、强制撤单、强制冻结/解冻资金、强制冻结/解冻订货、强制冻结/解冻仓单、交易商可用资金调整、协议转让、交易中心公告发送等。

强制操作模块的主要功能包括：强制转让、强制撤单、强制冻结/解冻资金、强制冻结/解冻订货、强制冻结/解冻仓单、交易商可用资金调整、协议转让功能、交易中心公告发送功能（图5-7）。

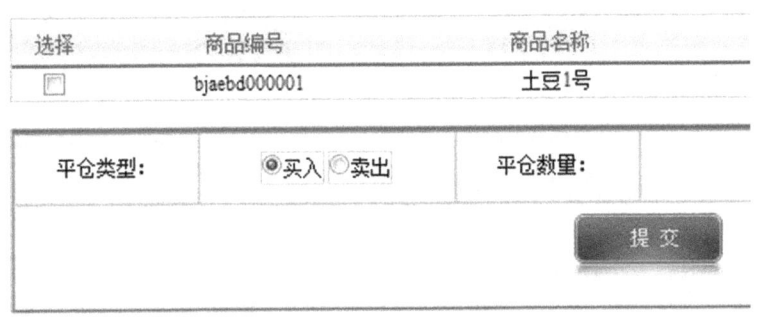

图5-7 强制操作

3. 监控预警模块

交易监控员可通过监控预警模块根据电子交易平台的运行状况设置各类监控预警，在预警条件触发时第一时间提醒交易监控员，以便及时监控电子交易平台的运行状况。可以进行的监控预警有：综合预警、交易模式预警参数设置、合同预警参数设置、单笔最大委托单量预警、会员委托单量预警、会员成交量预警、会员总资金变动预警、单笔大成交量预警、会员合同成交量预警、会员合同订货变动预警、合同卖出订货量预警、会员可用资金变动预警、合同报单总量预警、合同成交总量预警、仓单有效期预警等。

监控预警模块的功能包括：综合预警、交易模式预警参数设置、合同预警参数设置、单笔最大委托单量预警、会员委托单量预警、会员成交量预警、会员总资金变动预警、单笔大成交量预警、会员合同成交量预警、会员合同订货变动预警、合同卖出订货量预警、会员可用资金变动预警、合同报单总量预警、合同成交总量预警、仓单有效期预警等。

四、财务管理子系统

草产品电子交易系统提供财务管理子系统（图5-8），按照财务上科目凭证的概念对各种资金流进行管理，可以维护会计科目、录入填制及复核财务凭证并进行凭证查询、总账查询、分户账查询和结算报表查询。以下是财务管理子系统的架构图（图5-9）。

银商通账号	用户状态	操作	
1111111	正常	删除	编辑
1111111	正常	删除	编辑
1111111	关注	删除	编辑
1111111	正常	删除	编辑
1111111	正常	删除	编辑
0000001	正常	删除	编辑

图5-8　财务查询

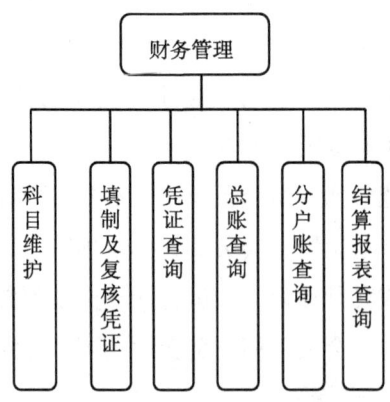

图5-9　财务管理子系统的架构

1. 科目维护模块

通过财务管理子系统中的科目维护模块，财务管理员可以进行会计科目的维护。

财务管理员可查询、添加、修改各种会计科目信息，系统验证输入信息的合法性，并执行相应的操作。有关会计科目的基本信息主要有：会计科目编码、科目级别、科目类型、科目名称、科目摘要、上级会计科目等。

2. 填制及复核凭证模块

通过财务管理子系统中的填制及复核凭证模块，财务管理员可以添加、删除和修改凭证，并可将凭证导出并打印，以及复核当日未审核的凭证。

3. 凭证查询模块

通过财务管理子系统中的凭证查询模块，财务管理员可以查询某个时间段内的入金、出金、开户费、代收费等操作类型已审核和未审核的系统凭证和手工凭证。

凭证分为系统凭证和人工凭证。系统凭证在有交易资金变动时即有系统产生，如手续费、保证金、转让价差等，每日结算后能自动抽取结算数据生成系统凭证；人工凭证为人工录入的凭证，如出入金等。

4. 总账查询模块

通过财务管理子系统的总账查询模块，财务管理员可以查询某个时间段内某特定科目的总账信息。

财务管理员进入总账查询界面，选择会计科目、查询起始时间、查询结束时间，发出查询指令，系统查询并以列表形式显示出该查询时间段内该科目的总账信息，如期初余额、期末余额、结算日期、科目摘要、借贷金额等。

5. 分户账查询模块

通过财务管理子系统中的分户账查询模块，财务管理员可以查询某个时间段内某个特定科目的各分户账信息，如查询期初余额、期末余额、结算日期、科目摘要、借贷金额等科目。

6. 结算报表查询

通过财务管理子系统中的结算报表查询模块，财务管理员可以查询任何时间段内的结算报表信息。如借方的现金、银行存款、应收账款、其他应收账款、暂付款，贷方的应付账款、贷款及交货担保金、其他应付账款、内部往来、交易商货款及盈亏、交收手续费等结算内容的期初余额、借方余额、贷方余额和期末余额等信息，并分别列出合计。

主要参考文献

董敏,2013. 我国上市银行收入结构转型问题研究 [D]. 太原:山西财经大学.

韩长江,2010. 关于供销合作社发展农村电子商务的战略分析 [J]. 中国合作经济 (7):46-49.

马宗亚,张会彦,2014. J2ME 在移动电子商务中的应用研究 [J]. 时代金融 (12):202.

孟晓明,2009. 我国农业电子商务平台的构建方案研究 [J]. 科技进步与对策,26 (4):55-58.

牛文旭,2016. 我国农产品批发市场发展现状分析 [J]. 河北企业 (3):50-51.

乔忠,王敬华,2004. 小城镇商品交易市场发展概况与趋势 [J]. 小城镇建设 (4):66-68.

邱虹坤,金颖,索世文,等,2004. 基于 J2EE 构造电子商务平台 [J]. 沈阳航空工业学院学报 (3):46-48.

孙序铭,2016. 云计算对信息安全的影响与对策 [J]. 电脑知识与技术,12 (29):62-63.

王玉龙,2015. 云环境下企业数据异地备份 [J]. 企业管理 (12):106-108.

肖凯,2007. 未雨绸缪,有备无患——中国电信灾难备份系统服务 [J]. 数字通信世界（6）：52-53.

谢群斌，潘蕾，2011. 电子商务环境下我国现代农业发展策略研究［J］. 中国市场（41）：74-75.

许东年，付发理，2010. 商业银行与期货行业合作研究［J］. 安阳师范学院学报（1）：53-58+62.

殷锋社，李选芒，2011. 农产品电子商务模式分析与研究［J］. 电子设计工程，19（12）：32-34.

张志勇，2009. 商业银行与期货业合作模式研究［J］. 新金融（8）：46-49.